Der grüne Baron

T0351630

Dieter Strauss

DER GRÜNE BARON

Georg Heinrich von Langsdorff,
der Humboldt Brasiliens,
und seine Expedition von Rio de Janeiro
zum Amazonas 1822-1829

PETER LANG

Frankfurt am Main · Berlin · Bern · Bruxelles · New York · Oxford · Wien

Bibliografische Information der Deutschen Nationalbibliothek
Die Deutsche Nationalbibliothek verzeichnet diese Publikation in
der Deutschen Nationalbibliografie; detaillierte bibliografische
Daten sind im Internet über http://dnb.d-nb.de abrufbar.

Covergestaltung und Titelberatung:
Prof. Uwe Loesch
www.uweloesch.de
unter Verwendung der Zeichnung
Homem e Mulher Bororo
von Adrien Taunay 1827

Gedruckt auf alterungsbeständigem,
säurefreiem Papier.

ISBN 978-3-631-63652-7

© Peter Lang GmbH
Internationaler Verlag der Wissenschaften
Frankfurt am Main 2012
Alle Rechte vorbehalten.

Das Werk einschließlich aller seiner Teile ist urheberrechtlich
geschützt. Jede Verwertung außerhalb der engen Grenzen des
Urheberrechtsgesetzes ist ohne Zustimmung des Verlages
unzulässig und strafbar. Das gilt insbesondere für
Vervielfältigungen, Übersetzungen, Mikroverfilmungen und die
Einspeicherung und Verarbeitung in elektronischen Systemen.

www.peterlang.de

Inhaltsverzeichnis

90-92
Expeditionsziele
*Als ich Rio verließ, wollte ich in meinen letzten Lebensjahren eine
Reise machen, die vergleichbar mit den größeren Reisen des großen
Alexander ist*
(Georg Heinrich von Langsdorff)

93-102
Langsdorff - ein Charakter des 19. Jahrhunderts
*Sein Gang war schnell, sein Kopf und seine Arme – vorgestreckt –
schienen den anderen ihre Trägheit vorzuhalten*
(Auguste de Saint-Hilaire, Botaniker und Reisegefährte von Langs-
dorff)

103-117
1995: Remake der Langsdorffschen Expedition
Die wirklichen Indianer leben im Museum
(Olaf Nicolai, Künstler und Teilnehmer des Remake 1995)

118-124
Das Langsdorffprojekt im Rahmen der Auswärtigen Kulturpolitik
*Es geht in der Auswärtigen Kulturpolitik immer darum, ob der Nutzen
der Bundesrepublik vermehrt oder ob ihr Schaden zugefügt wird*
(Franz Josef Strauss, Politiker der CSU, 12.6.1986)

Georg Heinrich von Langsdorff – der vergessene Brasilienpionier

Kommt man gelegentlich auf jene Zeit zu sprechen, antwortet er immer, dass er sich an nichts erinnere (1).
(Nestor A. Rubzoff, Astronom der Expedition)

Weltumsegler, Expeditionsleiter in das unerforschte Landesinnere Brasiliens, kaiserlich-russischer Generalkonsul in Rio de Janeiro, Mediziner, Naturwissenschaftler, Forscher und Autor der ersten Hälfte des 19. Jahrhunderts.
Unersetzliche und weitgehend unausgewertete Materialien der Expedition wie Pflanzen- und Tiersammlungen, Zeichnungen und Aquarelle von drei Künstlern, darunter der Deutsche Johann Moritz Rugendas aus Augsburg, Protokolle, Beschreibungen von Indianerstämmen und rund 1400 Tagebuchseiten Langsdorffs verführen zu einem Vergleich „Brasilien gestern und heute", zur Herausfindung der Unterschiede und ihrer Ursachen zwischen dem Brasilien des frühen 19. und des späten 20. Jahrhunderts. Eine Gegenüberstellung, die mit Langsdorffs Materialien möglich wird, die nicht mehr wie in der frühen Neuzeit märchenhaft stilisiert und idealisiert sind, sondern wissenschaftlichem Anspruch genügen. Ein Ansatz, den Humboldt mit seiner Südamerikareise von 1799 bis 1804 eingeleitet hat.

Wie ist es bei so einer spannenden Biografie und bahnbrechenden Arbeit und bei der prekären Quellenlage für das Brasilien des 19. Jahrhunderts möglich, in Vergessenheit zu versinken, während der andere Lateinamerika-Forscher Alexander von Humboldt weltbekannt ist? Und das, obwohl Humboldt nie in Brasilien war. Die portugiesische Regierung hatte ausländischen Wissenschaftlern bis in die ersten Jahre des 19. Jahrhunderts die Einreise in ihre brasilianische Kolonie verweigert. Was Humboldt für das spanische Südamerika ist, bedeutet das Langsdorff nicht für Brasilien? Ist es nicht endlich Zeit, dass sich die hispanische Welt und Brasilien nicht mehr den Rücken zuwenden?

In älteren Nachschlagewerken taucht der Name des Barons noch auf, aber meist als Pflanzenname, in modernen Enzyklopädien kommt er erst gar nicht mehr vor. Warum, was sind die Gründe?

Der Expeditionschef verliert nach jahrelangen Fieberanfällen am Ende seiner Entdeckungsreise das Kurzzeitgedächtnis und kann sich an die wichtigsten Jahre der Expedition im Landesinneren Brasiliens überhaupt nicht mehr erinnern. Die Amnesie quält ihn tatsächlich bis an sein Lebensende.

Und die Materialien der Forschungsreise? Die kann Langsdorff nicht mehr ordnen und publizieren. Sie werden der Akademie der Wissenschaften in Sankt Petersburg übergeben, da die Zaren Alexander I und Nikolaus I die Expedition finanziert haben. Und dort geraten sie in Vergessenheit. Bis 1930, da werden sie wiederentdeckt.

Seit den sechziger Jahren kümmert sich vor allem der russische Historiker Boris Komissarov um den Nachlass. Es bleibt aber noch unendlich viel zu entdecken.

Ein Grund für uns, im Jahre 1995 auf Langsdorffs Spuren dessen Expedition mit deutschen, brasilianischen und russischen Künstlern zu wiederholen und eine entsprechende Ausstellung zu erarbeiten, die der damalige Bundespräsident Roman Herzog in Sao Paulo eröffnet, bevor sie mit großem Presseecho auf Brasilien-Tournee geht. Oder dieses Buch über Langsdorff zu schreiben. Über einen Forscher, der der Humboldt Brasiliens, der sein Schatten ist.

Eine Ballnacht auf Langsdorff's Landgut Mandioca bei Rio de Janeiro

Selbst ich ... hüpfte wie eine Heusschrecke umher, um die Moskitos von meinen seidenen Strümpfen zu entfernen (1).
(T. von Leithold, preußischer Offizier und Teilnehmer an dem Ball)

Neunzehn Uhr - irgendwann im Jahr 1819. Die Musik eines Kammerorchesters mit Wilhelmine, der jungen Frau Langsdorffs am Flügel, dringt in die Tropennacht, die das Landgut Mandioca des russischen Generalkonsuls Langsdorff in der Nähe Rio de Janeiros schon voll überdeckt. Der Anlass für den großen Ballabend ist die Ankunft der russischen Schiffsexpedition unter Führung des Kapitäns F. G. von Bellinghausen in Rio de Janeiro. Der Landsitz Mandioca gilt damals als kulturelles Zentrum, ein „Must", das Brasilienreisende zu besuchen haben, um sich von dem Brasilien-Kenner Langsdorff über Land und Leute informieren zu lassen.

Außer den russischen Offizieren sind praktisch alle Diplomaten Rios versammelt. „Noblesse oblige"! Mit ihren Töchtern, denn nach dem Konzert wird getanzt, in dem großen fabelhaft geschmückten Saal, in der Veranda und in den Nebenräumen. Der preußische Offizier T. von Leithold schildert das große Fest:
Auf diesem Ball tanzten Männer und Frauen aus Russland, Preußen, Österreich, England, Frankreich, Spanien, Portugal sowie Brasilien, und die Damen boten dem Beobachter eine glänzende Szenerie der weiblichen Anmut aller anwesenden Nationen dar.
Um acht Uhr waren aber die Arme, Schultern und Rücken der Damen, die der Mode entsprechend, alle dekolletierte Kleider trugen, dermaßen von den Moskitos zerbissen, dass sie nicht weniger rot erschienen wie Soldaten, die mit der Gerte geschlagen worden waren .... Vor allem die junge, anziehende Tochter des englischen Konsuls Chamberlain, Braut eines Kapitäns der englischen Flotte, war von den Moskitos schrecklich misshandelt worden. Selbst ich, der ich nicht tanzte, befand mich mit meinen Beinen in ständiger Bewegung und hüpfte wie eine Heuschrecke umher, um die Moskitos von meinen seidenen

Strümpfen zu entfernen. So ist es kein Wunder, dass Bälle hier einen Seltenheitswert haben. In erster Linie waren es die Moskitos, an zweiter Stelle dann die unwahrscheinliche Hitze, unter der die vielen Menschen auf dem begrenzten Raum litten. Hierdurch ergab sich eine atmosphärische Sättigung der Luft, deren Überdruck dazu führte, dass man sich unbeabsichtigt ständig auf die Füße trat. Unter Verbeugungen und Knicksen entschuldigte man sich ununterbrochen und rief gleich darauf, von Schmerzen gepeinigt, dasselbe Missgeschick wieder hervor. Es war ein Genuss, als ich das Fest verlassen und in mein Quartier zurückkehren konnte, um hier die Ruhestätte zu genießen (2).

Dass es für T. von Leithold ein Erleichterung ist, das Fest zu verlassen, das kann nicht überraschen: Moskitos, Hitze und verbrauchte Luft lassen die Atmosphäre schon nach einer Stunde unerträglich werden. Wenn schon auf dem Langsdorffschen Landgut Mandioca in der Nähe der Hauptstadt Rio de Janeiro, diesem Zentrum der damaligen Gesellschaft, im Grunde kein Fest gefeiert werden kann, welche Bedingungen müssen dann erst im weitgehend unerforschten Landesinneren herrschen? Sofort fallen einem die angriffslüsternen Jaguare, die Giftschlangen, die Skorpione und die faustgroßen Spinnen ein. Oder die „Carabatos", die Zecken, und die „Pulex Penetrans", die sich besonders gern unter die Fuß- und Fingernägel setzen und furchtbare Geschwüre verursachen. Von den Millionen von Moskitos ganz zu schweigen. Und trotzdem: Langsdorff bleibt bei seinem Urteil über Brasilien, das er als rhetorische Frage in dem vom August 1817 datierten „Brief an einen Freund in Teutschland" abgibt:
Scheint das nicht ein bezauberndes Land? - Mein Gott, in welche Wunderwelt bin ich versetzt (3) ?

Wie denn sonst hätte er die langjährige gefährliche Expedition in die „terra incognita" Brasiliens planen können?
Du verlangst, bester Freund, mein Urtheil über Brasilien. – Du fragst mich, wie mir dieses gelobte Land gefalle? Und mit Vergnügen will ich Dir Deine Wünsche befriedigen (4).
Und wie überzeugend ihm das gelingt. Nicht nur weil er keine langstieligen Beschreibungen abgibt, sondern plastische Naturszenen schildert:

11

Ewiges Grün bedeckt die schattenreichen Bäume, die mit den wunder-
baren Gestalten der unbekannten Blüten geschmückt, den aufmerksa-
men Wanderer bei jedem Schritte und in jeder Jahreszeit erfreuen.
Der Winter gleicht einem Sommer des nördlichen Europa's (5).

Nur zu verständlich, dass sich einer der Botaniker, die Langsdorff wie
üblich empfängt und herumführt, vor Begeisterung nicht mehr halten
kann und voll Staunen ausruft:
O Himmel! wo bin ich! ... Jeder Blick entlockt mir Seufzer des An-
staunens und Beweise der Größe dessen, der dies Alles geschaffen (6).

Und auch Langsdorff fragt sich in seinem Brief:
Warum strebt hier die Natur nach lauter Anomalien? – Warum schafft
sie so mannigfaltige neue, ungewohnte Formen und Gestalten? – Wa-
rum ist sie hier so ausschweifend in der Bildung und dem inneren Bau
der Blüten und Blätter (7) *?*

Genau das will er auf seiner Expedition untersuchen und beschreiben,
zusammen mit der Tierwelt und den *unbekannten Tönen* (8), die die
Wälder erfüllen. Ja, er denkt offenbar tatsächlich an ein Soundscape
Brasiliens. Ein wahrhaft fortschrittlicher Wunsch, den ihm sein Zeichner Florence auch erfüllt, der als einer der ersten mit einer Art Notenschrift die Naturgeräusche einfängt.

Das Brasilienbild der Europäer

Sie verstehen uns nicht, sie verstehen uns einfach nicht und sehen im-mer noch in uns den Mann mit Strohhut, Gitarre, Schnauzer und Re-volver (1).
(Nach Gabriel Garcia Marquez)

„Sie verstehen uns nicht. Sie verstehen uns einfach nicht. Für die Eu-ropäer ist Südamerika immer noch der Mann mit Schnauzbart, Stroh-hut, Gitarre und Revolver." So ähnlich äußerte sich der kolumbiani-sche Nobelpreisträger Gabriel Garcia Marques, der Autor von „Cien anos de soledad" und „El amor en los tiempos del cólera". Ganz so tragisch ist es aber nicht mehr, wenn wir gen Süden segeln: Zwischen uns und Lateinamerika liegt nicht mehr der tiefe Abgrund, den die Kartographen mit Zyklopen und Amazonen bevölkerten. Aber viele Europäer sehen in Lateinamerika immer noch den Rohstofflieferanten und denken besonders bei dem Giganten Brasilien an erster Stelle an Kaffee, Kakao, Kattun, Kautschuk, Tabak und Zucker anstelle des ak-tuellen Soja, Mais, Weizen, Palmöl, Sesam und Erdöl. Nur zu ver-ständlich, dass Außenminister Guido Westerwelle im Frühjahr 2010 das strategische Interesse Deutschlands an dem Superstar Brasilien betont hat und dass für den „Economist" dieses Riesenland „abhebt" (2). Mit einem Wort: Das „Land der Zukunft" Stefan Zweigs wird end-lich zum Land der Gegenwart.

Und dennoch: Viele halten das Brasilien des 19. Jahrhunderts immer noch nur für eins: für das Traumland der Goldsucher. Und das heutige Brasilien ist für sie ein *exotisch unernster Ort geblieben ..., die bunte Komödie im düsteren Welttheater,* mit dieser Einschätzung hat die „Süddeutsche Zeitung" wohl ganz recht (3). Dabei übersehen sie die vielen Forschungsreisenden, die damals wie Langsdorff, wie Spix und Martius oder wie der Prinz Maximilian Wied-Neuwied dieses Land, das ja eigentlich ein Kontinent ist, bereisen. Wenn überhaupt, dann denken sie vor allem an Alexander von Humboldt und seine Südame-rikareise zwischen 1799 bis 1804 und vergessen, dass Humboldt da-mals auf Grund der portugiesischen Kolonialpolitik nicht nach Brasi-lien einreisen darf, dass dieses kontinentale Land durch die Lissaboner

Regierungspolitik Jahrhunderte lang für europäische Wissenschaftler unerreichbar ist. Die Wiederentdeckung der Reiseforscher wie Spix und Martius oder Wied-Neuwied, aber besonders die von Langsdorff steht also noch aus.

Mehrere Gründe, die spannende Expedition des Barons zu beschreiben und wieder aufleben zu lassen. Ein Anstoß auch, diese Reise auf den Spuren von Langsdorff und seinen Begleitern, unter denen auch drei Zeichner sind, zu wiederholen. Und zwar ebenfalls in Begleitung von Künstlern. Ein Vorgehen, das den Vergleich zwischen den Bildern aus dem 19. Jahrhundert und den Kunstwerken, die auf der Folge-Expedition entstehen, erlaubt, eine Gegenüberstellung des brasilianischen ‚Gestern' mit dem aktuellen ‚Heute'.

Ein Projekt, das nicht nur die Akademie der Wissenschaften in Petersburg überzeugte und veranlasste, uns die Originale der Langsdorff-Expedition zum ersten Mal nach Brasilien auszuleihen, sondern auch das berühmteste Museum Lateinamerikas, das Museum für moderne Kunst „MASP" in Sao Paulo, veranlasste, die Ausstellung zu zeigen und dafür eine bereits geplante China-Ausstellung „nach hinten" zu verschieben. Vor allem die Firma Siemens sponserte das Projekt großzügig, und der damalige Bundespräsident Roman Herzog eröffnete die Ausstellung im Herbst 1995 in dem brechend vollen MASP auf der Avenida Paulista.

Ein Leben im Überblick

Ich will keinen einzigen Tag mit Aktivitäten verlieren, die nicht zu meinen Zielen gehören (1).
(Georg Heinrich von Langsdorff)

Ein Motto, nach dem sich Langsdorff zeitlebens richtet, ganz zweifellos. Nach seiner Geburt am 18.4.1774 in Wöllstein im Rheinhessischen und nach dem Besuch des Gymnasiums studiert er ab Oktober 1793 an der Universität Göttingen Medizin und Naturwissenschaften. Bereits im Februar 1797 legt er das Staatsexamen ab und promoviert mit einer Arbeit über Probleme der Entbindungskunst zum Doktor der Medizin, mit noch nicht ganz 23 Jahren.

Er gönnt sich auch jetzt keine Atempause, sondern kommt bereits im Mai 1797 als Leibarzt des Prinzen Christian von Waldeck, des damaligen Oberbefehlshabers der portugiesischen Armee, in Lissabon an. Nach dem Tod des Prinzen im September 1798 arbeitet er am deutschen Hospital in Lissabon. Dass er sich gleichzeitig wissenschaftlich in der Zoologie engagiert, zeigt seine Sammlung mit klassifizierten Insekten und Fischen, die er im März 1802 an die Kaiserliche Akademie der Wissenschaften nach Sankt Petersburg schickt. Bereits ein Jahr später wird er mit Ende Zwanzig zum korrespondierenden Mitglied dieser Akademie ernannt. Mitte August 1803 gelingt es ihm, in Kopenhagen von Kapitän Adam Johann von Krusenstern in dessen Expeditions-Crew aufgenommen zu werden, obwohl die Weltumseglung im Auftrag des Zaren bereits am 7. August 1803 in Kronstadt begonnen hatte. Ein Erfolg eines beharrlichen und energischen Verhandlers! Zumal es sich um die erste russische Weltumsegelung handelt. Ein kühnes Unternehmen, das rund drei Jahre dauert und neben der Schaffung einer Verbindung für Handelsschiffe zu den russischen Niederlassungen in Alaska und Kamchatka naturgeschichtliche, ethnographische und linguistische Ziele verfolgt. Also ein idealer Trainings- und Arbeitsplatz für den jungen Langsdorff.

15

Die Expeditionsschiffe „Nadeschda" und „Newa" segeln über Teneriffa in Richtung Brasilien und erreichen im Dezember 1803 die dicht vor dem Festland in der Nähe Rio de Janeiros liegende Insel Santa Catarina. Langsdorff ist über seinen ersten Kontakt mit Brasilien begeistert. Das Land übertrifft bei weitem seine Träume, er muss sich dem Paradies nahe gefühlt haben:

Meine Ideen waren, ich gestehe es, groß und gespannt, dem ungeachtet übertraf nun, je mehr ich mich dem Lande näherte, die Wirklichkeit meine Erwartung (2).

Er empfindet Brasilien als

ein Land, das mit aller denkbaren Schönheit und Anmuth prangt (3).

Und er ist so *bezaubert und wonnetrunken von den Schönheiten der Natur* (4), dass er öfter Halt machen muss, ganz einfach, um das großartige Schauspiel länger und intensiver zu genießen. Er schwelgt in der Fülle und verschwenderischen Ergiebigkeit der Welt, in ihren changierenden Färbungen und Variationen:

Die üppige Natur, welche hier die höchste Idee, die sich nur von Fruchtbarkeit, von Abwechslung der Farben und Schönheit des Baumschlags, von Anmuth und Reichthum träumen lässt, bei weitem übertrifft, belebe auch noch diese Waldungen mit unendlich verschiedenen Geschöpfen, ... die wir Europäer nur selten oder niemals, in großen Naturaliensammlungen ausgestopft oder in Weingeist aufbewahrt, zu sehen bekommen ... (5).

Bei soviel Begeisterung sieht er sicher auch über die Gefährlichkeit vieler Tiere hinweg, wie der Giftschlangen, der Cobra Coral und der Xiraracca, oder der mannsgroßen Sepia:

Die gewöhnliche Folge des Schlangenbisses soll seyn: plötzliches Anschwellen des ganzen Körpers und Ausströmen des Bluthes, aus Nase, Ohren, Augen und Fingerspitzen (6). Die gewaltigen Sepia sollen sogar schon Fischer mit ihren Saugnäpfen so umschlungen haben, dass sie sich nicht mehr befreien konnten. Riesen-Sepia, die ganze Schiffe angreifen und umarmen, die gebe es allerdings nicht (7).

Also alles in allem doch ein Traumland, dem es in seinen Augen sicher keinen großen Abbruch tut, dass die schönen Künste und die wissenschaftliche Arbeit noch nicht weit entwickelt sind:

Was Künste, Wissenschaften und öffentliche Anstalten anbelangt, so lässt sich hier in dieser Rücksicht natürlicherweise nicht viel erwarten (8).

Ein Befund, der zu der Kolonialpolitik passt, die nach Langsdorff die Bevölkerung unmündig halten will, ganz einfach um Unabhängigkeitswünsche gar nicht erst aufkommen zu lassen:
Alles seufzt unter dem Druck einer Regierungsform, deren Staatsklugheit es ist, die Unterthanen nicht aufzuklären, damit diese nicht in der Folge mächtig genug, dem kleinen portugiesischen Reich Trotz bieten und das drückende Joch von sich abschütteln möchten (9).

Und die Brasilianerinnen? Halten die mit der verführerischen Natur mit und betören Langsdorff ebenso? Nein, damals hält er sich noch eher zurück, wenn er auch einigen Frauen ihre Schönheit attestiert:
Das weibliche Geschlecht ist nicht hässlich, unter den Frauenzimmern von Stande sahen wir einige, die auch in Europa mit Recht Ansprüche auf Schönheit würden gemacht haben (10).

Die sexuelle Frühreife der Jugend, die häufig mit der Syphilis quittiert wird, fällt ihm besonders auf:
Das Venerische ist ebenfalls sehr allgemein verbreitet, der Geschlechtstrieb erwacht hier wie in allen warmen Erdzonen, sehr frühe, und Knaben von dem zwölften bis dreizehnten Jahre, welche ihrer Sinnlichkeit frönen, sich mit ihren Sklavinnen und anderen liederlichen Dirnen abgeben, schleichen schon mit dieser fürchterlichen Seuche umher (11).

Später auf den Südseeinseln klingt das aber schon ganz anders: sein Interesse an dem Weiblichen, das auch in seinen Tagebüchern über seine eigene Brasilien-Expedition immer wieder auftaucht, bricht hier bereits deutlich durch. Bevor er die Inseln überhaupt ausführlicher beschreibt, kommen erst mal die jungen Mädchen dran, deren vollständige Nacktheit und große Bereitschaft, sich auf die Crew einzulassen, ihn faszinieren:
Die jungen Mädchen und Weiber, die sich ebenso wie die jungen Männer ganz nackt und in nicht geringer Anzahl versammelt hatten ..., brachen bei jeder unserer Bewegungen oder Handlungen in ein lautes

und frohes Lachen aus, und da wir auch nicht ein Wörtchen von den
vielen schönen Sachen, die sie uns vorerzählten, verstanden, so mach-
ten sie sich sehr bald durch die unsittlichsten und unanständigsten
Gebehrden und Pantomimen, mit denen sie ihre Reize anboten, ver-
ständlich. ... Es ist beynahe keine unanständige Stellung zu denken,
die sie uns nicht zum besten gegeben hätten, ... denn bald verlor sich
eine Sirene nach der anderen, mit den Matrosen Hand in Hand, nach
dem inneren Raum des Schiffes, und die Göttin der Nacht deckte alles,
was sich da mag zugetragen haben, mit ihrem dunklen Schleier (12).
Kein Zweifel, der Lockruf der Traumfeen hat auch Langsdorff um-
schmeichelt, ob er ihm erlegen ist? Dagegen spricht vielleicht seine
größere Affinität zu Afrikanerinnen:
Übrigens gestehe ich, dass ich die Form und Figur einer wohlgebilde-
ten Negerin für gefälliger, und nach unseren europäischen Begriffen
von Schönheit und Ebenmaß, für vollkommener halte, als die der Süd-
seeinsulanerinnen (13).

Dass die damals in Südamerika angeblich noch anzutreffenden Men-
schenfresser, wie zum Beispiel die brasilianischen Tabuyas, das
Fleisch von jungen Mädchen bevorzugten, das wird Langsdorff bei
seiner Neigung zum weiblichen Geschlecht eingeleuchtet haben. Jedenfalls notiert er, wie gut sie schmecken sollen:
Diese Nationen verzehren nicht bloß Gefangene, sondern ihre eigenen
Weiber und Kinder, ja einige kaufen und verkaufen öffentlich Men-
schenfleisch. – Diesen Völkern haben wir die Nachricht zu verdanken,
dass weiße Menschen wohlschmeckender sind als Neger, und Enlgän-
der besser schmecken sollen als Franzosen. Ferner soll das Fleisch
von jungen Mädchen und Weibern, besonders aber von neugeborenen
Kindern bey weitem das Fleisch der schönsten Jünglinge und Männer
an Wohlgeschmack übertreffen und endlich das Innere der Hand und
der Fußsohlen allen übrigen Teilen des menschlichen Körpers vorzu-
ziehen sein (14).
Erstaunlich bleibt aber trotzdem seine unkritische Resümierung dieser
Legende, wo er doch während der Expedition wissenschaftlich arbeitet und beispielsweise volkskundliche Studien in Brasilien und linguistische auf den Südseeinseln durchführt.

Die Schiffe segeln dann von den Marquesas über den russischen Hafen Petropawlowsk, Kamchatka, nach Japan und erreichen im Oktober 1804 Nagasaki. Im Juli 1805 trennt sich Langsdorff von der Expedition des Kapitäns von Krusenstern und reist über die Aleuten, Alaska, Kalifornien Sibirien und Moskau nach Petersburg, wo er von 1809 bis 1812 lebt.

An Krusenstern erinnern heute vor allem das russische Schulschiff „Krusenstern", der größte Segler der Welt, der zum 200. Jahrestag der Weltumsegelung die Route des russischen Kapitäns wiederholte, sowie einige Inseln und sogar ein Mondkrater, die seinen Namen tragen.

In Petersburg feiert Langsdorff Triumphe: Zar Alexander I ernennt ihn zum Kaiserlichen Hofrat, erhebt ihn in den Adelsstand und verleiht ihm die russische Nationalität. Wenig später wird er zum Mitglied der „Kaiserlich-Russischen Akademie der Wissenschaften" berufen. 1812 erscheint dann in Frankfurt sein großes zweibändiges Werk „Bemerkungen auf einer Reise um die Welt in den Jahren 1803 – 1807".

Im September 1812 erfolgt seine Ernennung zum Kaiserlich-Russischen Generalkonsul in Rio de Janeiro, eine Stadt, die er offenbar für die schönste in seiner brasilianischen Wunderwelt hält (15). 1815 besucht ihn dort Prinz Maximilian zu Wied-Neuwied, einer der vielen illustren Gäste, mit denen er sich über Brasilien austauscht und die er häufig mit diesem Land vertraut macht. Prinz zu Wied-Neuwied, der sich in Übersee „Baron von Braunsberg" nennt, führt seine Brasilienexpedition besonders in den küstennahen Gebieten Rio de Janeiros und Salvador Bahias zwischen 1815 und 1817 durch und veröffentlicht seine Ergebnisse zur indigenen Bevölkerung, zur Flora und Fauna und zum Landschaftsbild drei Jahre später unter dem Titel „Reise nach Brasilien in den Jahren 1815 bis 1817". Selbst Goethe hat seine Schilderungen wahrgenommen. Interessant auch, dass der Dichter und Naturforscher Baron Adalbert von Chamisso den Prinzen nach Brasilien begleiten wollte, ein Plan, den er wegen fehlender Geldmittel aufgeben musste.

Bekannter ist aber sicher die spätere Nordamerika-Expedition des Prinzen zwischen 1832 und 1834. Karl May soll von Wied-Neuwieds

Buch über diese Reise zu der Romanfigur Old Shatterhand angeregt worden sein.

1817 kann er dann Johan Baptist Ritter von Spix und Carl Friedrich Philipp von Martius auf seinem Landgut Mandioca bei Rio empfangen, das malerisch am Fuße der Serra de Estrela liegt und das Langsdorff im September 1816 erworben hatte, und in eine Modellfarm verwandeln wollte. Spix und Martius berichten später, dass sie im Hause Langsdorffs, das viele Europäer mit einem ‚literarischen Salon' verglichen, ihren ersten Indianer getroffen haben:

Der erste urspüngliche Americaner, den wir hier sahen, war ein Knabe vom menschenfressenden Stamme der Botocudos in Minas Gerais; er befand sich in dem Hause unseres Freundes v. Langsdorff (16).

Um diesen Indianer rankt sich eine fast unglaubliche Geschichte: Ein Minister des Prinzregenten, der Compte da Barca, habe für einen Professor des „Institut de Paris" für Forschungszwecke einen Indianerschädel angefordert. Der zuständige Offizier habe in aller Eile einfach zwei lebende Indianer in Ketten „angeliefert". Das habe Langsdorff so irritiert und erbost, dass er darum gebeten habe, einen der zwei adoptieren zu dürfen. Ein Wunsch, der erfüllt wird. Zumindest einer der zwei Unglücklichen wird gerettet (17).

Spix und Martius starten ebenfalls zu einer großen Expedition von Ende 1817 bis Anfang 1820, wählen aber eine ganz andere Route als Langsdorff: Sie reisen mehr als 10.000 Kilometer von Rio in Richtung Norden, über Salvador und Sao Luis nach Belem und den Amazonas hoch bis Manaus. Eine Expedition, zu der sie der bayrische König Max I. Joseph entsandt hatte. Auch sie leiden unsäglich unter den Strapazen. Besondere Plagegeister sind

die Zecken, welche sich zu Tausenden in die Haut einbohren; die Ameisen, welche durch ihren scharfen bösartigen Biss Entzündungen verursachen, endlich ... Sandflöhe, die sich in die Fußsohle einfressen (18).

Sie treffen auf

Riesenschlangen, die vom Baume mit dem Kopfe auf die Erde herabhängen und Krokodile, die sich, einem Baumstumpfe ähnlich, am Ufer sonnen (19).

Dass Martius bei all den Anstrengungen und Beschwerlichkeiten anscheinend seinen Humor nicht verliert, zeigt ein späterer Reim seines Freundes Franz Graf von Pocci:

Martius reiste in Brasilien, suchte Kräuter, Petersilien. Gottlob, dass ihn nicht verschlang, irgendeine Riesenschlang (20). Das Ergebnis von mehr als 1000 Seiten über diese Expedition, die „Reise in Brasilien", ist bis heute eine wichtige Quelle.

1821 erscheint Langsdorffs Buch „Bemerkungen über Brasilien. Mit gewissenhafter Belehrung für auswandernde Deutsche" in Heidelberg, das er bereits unter dem Titel „Memoire sur le Brésil pour servir de guide à ceux que désirent s'y établir" im November 1820 in Paris herausbringen konnte. Das Fazit des Buches:

Jeder prüfe sich selbst, ... und wenn er sich stark genug fühlt, so folge er der Einladung der königlich portugiesischen Regierung in das beste und schönste aller bekannten Länder (21).

Und am 20. Juni 1821 ist es dann endlich soweit. Langsdorff erhält das ersehnte Bestätigungsschreiben der „Kaiserlich-Russischen Akademie der Wissenschaften" aus Sankt Petersburg: seine Brasilien-Expedition ist genehmigt, die russische Regierung übernimmt die Kosten, die sich auf die stattliche Summe von 246.247 Rubel belaufen sollten (22).

Im März 1822 kommt Langsdorff nach einer Europareise in Rio de Janeiro an, zusammen mit neunundzwanzig deutschen Kolonisten und deren Familien, die er auf seinem Landgut Mandioca einsetzen will und deren Überfahrt er weitgehend vorfinanziert hat. Damals heiratet er in zweiter Ehe seine blutjunge Kusine Wilhelmine. Sie ist rund siebenundzwanzig Jahre jünger als er.

Im September 1822 fällt dann der Startschuss für den ersten Teil seiner Expedition, der aber nur nach Nueva Friburgo und in die Provinz Rio de Janeiro führt. 1823 tritt Langsdorff auf der Stelle und organisiert lediglich Exkursionen um seinen Landsitz Mandioca herum. Die notwendige Genehmigung der Regierung für das Landesinnere liegt wohl noch nicht vor. Verständlich, denn Don Pedro II muss sich nach der Proklamation der Unabhängigkeit 1822 stark mit den Aufständen in den nördlichen, Portugal treuen Provinzen abmühen. 1824 bereist der Baron Minas Gerais und von Mitte 1825 bis Mitte 1826 die Provinz Sao Paulo.

Am 23.6.1826 kann die Expedition endlich die zivilisierte Welt verlassen und startet von Porto Feliz im Nordwesten von Sao Paulo in die Wildnis, in das Innere des Landes. Langsdorff entschließt sich praktisch in letzter Minute um und wählt die Wasserwege. Im Vergleich zu dem Landweg auf Eselsrücken die weitaus gefährlichere Variante. Aber eben die attraktivere, da diesen Weg noch keine Forschungsreisenden beschrieben haben (23).

In Cuiabá teilt Langsdorff seine Crew später in zwei Gruppen. Die erste mit Langsdorff, Florence und Rubzoff gelangt über Diamantino und die Flüsse Rio Preto, Arinos, Juruena, Tapajós nach Santarem und von dort den Amazonas abwärts nach Belem am Atlantik. Die zweite Gruppe mit Riedel und Taunay hält sich weiter westlich, reist über die Flüsse Guaporé, Mamoré und Madeira, erreicht bei dem heutigen Manaus den Amazonas und vereint sich im Oktober 1828 wieder mit Langsdorff. Die Expedition endet am 13. März 1829 in Rio de Janeiro.

Der schwerkranke Langsdorff, der auf Grund der jahrelangen Fieberanfälle das Kurzzeitgedächtnis verloren hat, wird rund ein Jahr später nach Deutschland zurückgebracht und stirbt am 29.6.1852 in Freiburg im Breisgau, ohne sich gesundheitlich erholt zu haben. Auf Grund der Erkrankung Langsdorffs und vieler seiner Crew-Mitglieder musste der ursprüngliche Plan, nach Erreichen des Amazonas den Rio Negro bis Casiquiare, bis in die Mündung des Rio Orinoco hinaufzufahren ebenso aufgegeben werden wie die geplanten Reisen zu der südamerikanischen Nord- und Westküste.

Langsdorffs große Expedition besteht also im Grunde genommen aus vier Teilen,
erstens den Exkursionen um Rio in den Jahren 1822 und 1823,
zweitens der Reise durch Minas Gerais 1824 sowie
drittens den Fahrten durch die Provinz Sao Paulo 1825/6 und schließlich

viertens der eigentlichen Forschungsexpedition von Mitte 1826 bis Anfang 1829 in das Innere des Landes.

Klar, dass Langsdorff regelmäßig seine Ergebnisse nach St. Petersburg schickt, wie zum Beispiel Anfang 1826 sein Manuskript „Indice alfabético de todas as aves observadas e recolhidas nesta Expedicao de setembro de 1825 até fins deste mes" oder seinen Bericht über die Reise von Porto Feliz nach Cuiabá.

Die Brasilien-Expedition 1822 – 1829

Es ist unmöglich, in diesem Land komfortabel zu reisen (1).
(Georg Heinrich von Langsdorff)

Einige Jahre nach seiner Ankunft in Rio de Janeiro schreibt der russische Generalkonsul Baron von Langsdorff nach Peterburg, er habe den Eindruck, dass schon bald die Zeit komme, in der sich Brasilien für immer von seinem Mutterland trenne. Und wie recht er mit dieser Einschätzung hat: Don Pedro I erklärt am 7. September 1822 die Unabhängigkeit Brasiliens und wird rund einen Monat später zum Kaiser Brasiliens ausgerufen. Nach seiner Rückkehr nach Lissabon und nach seiner Übernahme der portugiesischen Krone im März 1826 verzichtet er im April 1831 auf die brasilianische Kaiserwürde – zu Gunsten seines Sohnes Pedro II, der im November 1889 über die Aufhebung der Sklaverei durch die „Lei Áurea stürzt".

Russland gründet bereits 1799 eine russisch-amerikanische Kompagnie, die den Handel zwischen beiden Ländern fördert, eine Aufgabe, die dann auch Langsdorff als Generalkonsul übernimmt. Und dazu zählt natürlich auch seine große Expedition, die ja den Schleier über den Schätzen Brasiliens lüften soll.

Bereits 1499 entdeckt der Spanier Vincente Yanez Pinzón die Amazonasmündung, und im April 1500 nimmt der portugiesische Seefahrer Pedro Álvarez Cabral Brasilien für die portugiesische Krone in Besitz. Salvador da Bahía, 1549 gegründet, wird Sitz der Kolonialregierung. Zwei Jahrzehnte später blüht der Zuckerrohranbau auf und Ende des 16. Jahrhunderts stoßen die ersten „Bandeirantes" auf der Suche nach Gold und anderen Edelmetallen in das Landesinnere vor. Kein Wunder, dass die Niederländer zwischen 1624 und 1654 versuchen, Brasilien unter ihre Herrschaft zu bringen. In „Mauritzstad", dem heutigen Recife in Pernambuco, setzen sie sich bereits 1629 fest. Unter ihrem Generalgouverneur Johann Moritz von Nassau, dem „Brasilianer", erleben sie zwischen 1636 und 1644 eine Blüte.

Die bedeutenden Goldfunde, die ab Ende des 17. Jahrhunderts in Minas Gerais, in Mato Grosso und in Goiás gemacht werden, locken

Einwanderer aus Europa an und erhöhen die Einfuhr schwarzer Sklaven.

Zu den rund 300.000 deutschen Einwanderern gehört auch Johann Ludwig Bruhns aus Lübeck, der deutsche Vater der Brasilianerin Julia da Silva-Bruhns, die im August 1851 geboren und später nach Lübeck verpflanzt wird. Dort heiratet sie den späteren Finanzsenator Thomas Johann Heinrich Mann und bringt Heinrich und Thomas Mann zur Welt, die stark geprägt von ihrer südländischen Mutter Julia berühmte Schriftsteller werden. Eine brasilianische Abstammung, die selbst so manche gestandene Germanisten nicht kennen und die sogar dem jungen Thomas Mann längst nicht immer passte.

Und wie verläuft die brasilianische Geschichte nach dem Sturz Don Pedro II im Jahr 1889 weiter? Die Republik wird ausgerufen und Brasilien erhält eine Verfassung auf föderativer Grundlage. 1930 gelangt Getulio Vargas an die Macht und regiert auf diktatorische Weise bis 1945.

Am 17. November 1935 scheitert der von Moskau gelenkte Putsch gegen Vargas, an dem neben Carlos Prestes die deutsche Kommunistin Olga Benario teilnimmt. Nach monatelanger Jagd werden Prestes und Olga Benario gestellt. Die hochschwangere Olga, die Beiden sind inzwischen verheiratet, wird von Vargas unter Umgehung der brasilianischen Verfassung, die eine Auslieferung von Frauen, die ein Kind von einem brasilianischen Vater erwarten, ausschließt, an Hitler-Deutschland abgeschoben. Als Jüdin und Kommunistin erwartet sie dort der sichere Tod im Konzentrationslager. Und dieser Getulio Vargas wird zwischen 1951 und 1954 noch einmal Präsident und erhält 1953 das deutsche Bundesverdienstkreuz, natürlich den höchsten Grad!

Auf die brasilianische Militärdiktatur von 1964-1979 folgen dann nach einer Öffnungsphase endlich im März 1985 freie Wahlen. Besonders bekannte Präsidenten sind Fernando Henrique Cardoso (1995-2003), „Lula", Luiz Inácio Lula da Silva (2003-2010) und seit 2010 Dilma Rousseff, die erste Frau auf dem Präsidentenstuhl.

Langsdorffs Expedition fällt damit in die Zeit des unabhängigen Brasilien, wenn auch Russland erst im Januar 1828 die Souveränität anerkennt. Das Expeditionsteam besteht aus Botanikern, Zoologen, einem Geografen und einem Astronomen sowie aus den mitreisenden Zeichnern. Von den Schiffsbesatzungen einmal abgesehen.

An dem vierten und gefährlichsten Expeditionsteil in das Landesinnere nimmt auch Langsdorffs zweite junge Frau Wilhelmine bis Cuiabá teil. Ebenfalls der russische Marineoffizier, Kartograph, Geograph und Astronom Nestor Alexandre Rubzoff und der deutsche Botaniker Luis Riedel, der später Direktor der kaiserlichen Gärten in Rio wird. Als Zeichner und Aquarelllisten fungieren die Franzosen Adrian Taunay, der bereits eine Expedition nach Ozeanien mit späterem Schiffbruch bei den Falklandinseln hinter sich hat, und Hercule Florence. Johann Moritz Rugendas, der Zoologe Eduardo P. Ménétriès aus Paris und der Arzt und Zoologe Christian Hasse aus Dresden sind nicht mehr mit dabei.

Die Schiffsbesatzung umfasst den Kapitän, den stellvertretenden Kapitän, drei Steuermänner, drei Beobachter im Bug, neunzehn Ruderer und zwei Jäger. Insgesamt umfasst die Expedition rund fünfunddreißig Teilnehmer, eine wirklich große Gruppe.

Zeichnungen der Langsdorff-Expediton

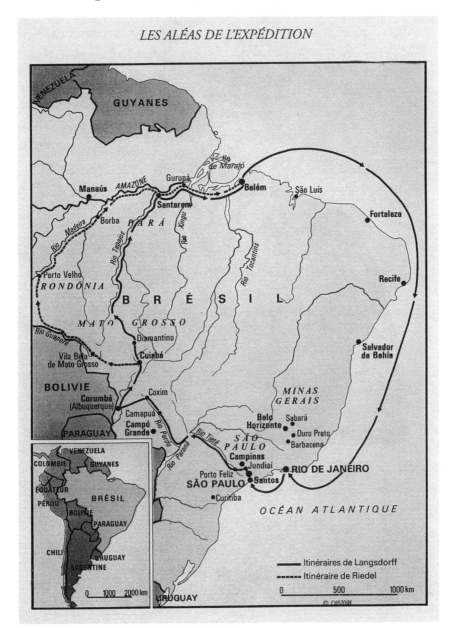

LES ALÉAS DE L'EXPÉDITION

Expeditionsroute von Georg Heinrich von Langsdorff

Hercule Florence, Georg Heinrich von Langsdorff

Adrien Taunay, Palmeiras (Palmen)

Hercule Florence, Drei Apiacá-Indianerinnen mit Körperbemalungen

Hercule Florence, Drei Apiacá-Indianer in ihrer Hütte

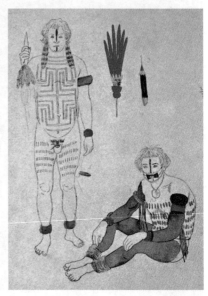

Hercule Florence, Apiacá-Krieger mit Lanze

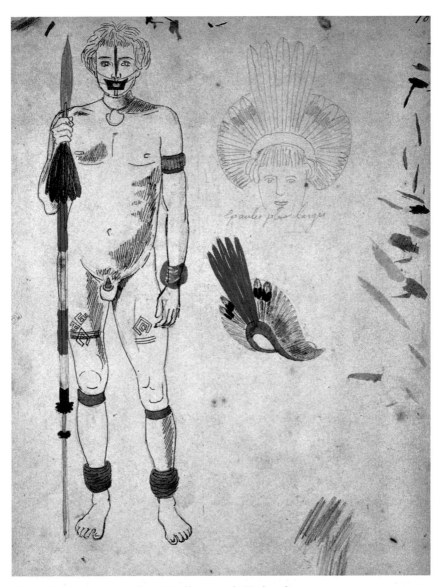

Hercule Florence, Apiacá-Indianer mit Kokarde

Hercule Florence, Munducurú-Indianer

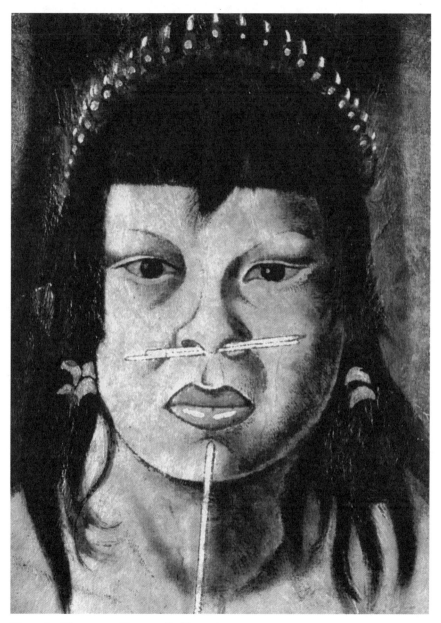

Hercule Florence, Bororo-Indianerin

Hercule Florence, Lager am Rio Pardo bei Camapuá

Exkurs Johann Moritz Rugendas

Humboldt mit der Feder und Rugendas mit dem Stift sind die beiden Europäer, die am lebhaftesten Amerika beschrieben haben. Darin war sich der argentinische Poet Domingo Faustino Sarmiento ganz sicher (1). Und er steht mit diesem Urteil nicht allein, denn auch Alexander von Humboldt war überzeugt, dass mit Rugendas eine *neue Epoche der Landschaftsmalerei* beginnen werde, kurz dass er ein *großer Künstler* sei, der *das Große* suchen müsse. Das schrieb ihm Humboldt am 8. März 1830 kurz vor seiner zweiten Lateinamerika-Reise (2). Und Humboldt blieb bei dieser Ansicht, jedenfalls bezeichnete er ihn im Juli 1855 rund drei Jahre vor Rugendas Tod als *Urheber wie Vater aller Kunst in der Darstellung der Physiognomie der Natur* (3). Dass ihn der argentinische Schriftsteller César Aire in seiner Novelle „Un episodio en la vida del pintor viajero" im Jahr 2000 als den Besten unter den guten Reisemalern bezeichnet, wundert nicht mehr. Auch nicht, dass dieses Buch 2003 unter dem Titel „Humboldts Schatten" auf Deutsch erschienen ist (4).

Dass Rugendas der Reisemaler ist, der im 19. Jahrhundert die längste Route von Mexiko bis Cap Horn bereist hat, passt ins Bild.

Rugendas – ein für Deutschland ungewöhnlicher Name, der nach Nordwestspanien verweist. Johann Moritz wird am 29. März 1802 in einer Augsburger Künstlerfamilie geboren. Sein Vater leitet hier ab 1804 die Kunst-Schule für Zeichner. Nach erster Ausbildung in Augsburg geht Rugendas nach München, zu dem berühmten Pferde- und Schlachtenmaler Alfred Adam und vervollkommnet seine Schulung zum Zeichner später in der Münchener Kunstakademie. Zum Zeichner naturalistischer Schule, versteht sich.

Bereits 1821 wird der junge Rugendas von Langsdorff für seine geplante Brasilienexpedition engagiert. Die Kontakte werden über die Bayerische Akademie der Wissenschaften geknüpft. Schnell kommt es zur Unterzeichnung des Vertrages, der ihm die Reisekosten, mit Ausnahme der Kleidung sämtliche Unkosten und ein Honorar von 1000 Francs garantiert. Als Gegenleistung muss sich Johann Moritz dazu verpflichten, die von Langsdorff definierten Motive zu zeichnen, sämtliche Bilder abzuliefern und auf gar keinen Fall seine Ergebnisse vor Langsdorff und ohne die Zustimmung des Barons zu veröffentlichen. Harte Daumenschrauben für den jungen Künstler!

Im März 1822 ist es dann endlich soweit: Rugendas kommt in Rio an, zusammen mit dem Baron und dem Zoologen Ménétriès. Ein großer Moment, der durch die feierliche Proklamierung der brasilianischen Unabhängigkeit in der zweiten Jahreshälfte noch erhöht wird.

Rugendas freundet sich mit dem Franzosen an, lernt mit ihm Französisch und porträtiert ihn. Er ist zunächst von Langsdorff und seinem Landgut Mandioca in der Nähe von Rio begeistert. Und nicht ohne Grund: Der Chef diskutiert mit ihm die möglichen spannenden und exotischen Reiserouten - vom Amazonas bis nach Feuerland - und Rugendas kann sich in der wissenschaftlichen Zeichnung trainieren. Aber schnell schlägt seine Stimmung um, als sich die Expedition in das Landesinnere immer weiter verzögert. Er bedrängt Langsdorff, doch ohne Erfolg. Ende 1822 hat er keine Geduld mehr: er geht nach Rio und bleibt dort bis zum Expeditionsstart nach Minas Gerais im Mai 1824. Er kann selbständig Rio und seine Umgebung zeichnen und lernt natürlich Jean Baptist Debret kennen, der damals die Gründung der Akademie der Schönen Künste vorbereitet. Aber auch andere Künstler der französischen „Mission Artistique", die sich auf Anregung Humboldts seit 1816 in Rio aufhalten.

In Minas kündigen sich die Spannungen zwischen Langsdorff und den Expeditionsteilnehmern schnell an, besonders mit den Künstlern. Rugendas, Ménétriès und Riedel reisen fasst immer vor ihrem Chef her. Bestimmt ein Zeichen für die schwierige Kommunikation mit dem Baron. Bei Rugendas hat dabei wohl eine Rolle gespielt, dass er mehr Landschaften als Detailbilder von Pflanzen und Tieren anfertigt, die ja für eine wissenschaftliche Expedition als Begleitung der exakten Beschreibungen besonders wichtig sind. Sicher, Rugendas kommt dem Baron auch entgegen, zum Beispiel mit seinen Zeichnungen der Araukarien, die Langsdorff für besonders charakteristisch in dieser Gegend hält. Oder mit der Brücke über den Paraibuna-Fluss, die Langsdorff detailliert in seinem Tagebuch erwähnt (5). Aber: er soll ihm häufig seine Arbeiten gar nicht erst gezeigt haben (6).

Zu einer großen Eskalation kommt es dann in den ersten Novemberta-
gen des Jahres 1824 in Minas Gerais. Rugendas verteidigt vehement
Ménétriès gegen Langsdorff und fällt dabei aus der Rolle. Langsdorff
fasst dieses Verhalten als grobe Beleidigung auf, die jeden Respekt
vermissen lässt, Wasser auf seine Mühle, denn er hält Rugendas schon
längst für einen Intriganten, ja für einen Agitator. Ein Anlass, um ihn
zu entlassen:

Bei der Auseinandersetzung schlug Rugendas *mit geschlossener Faust
auf den Tisch, um seiner Stellungnahme mehr Gewicht zu geben. Und
das in Gegenwart des Paters Jaoa Marquez* ...notiert Langsdorff und
fährt fort:

*Mit aller Diskretion lenkte ich seine Aufmerksamkeit auf sein Verhal-
ten und machte ihm klar, dass er sich nicht in einer Kneipe befände,
sondern in Gesellschaft von zivilisierten Menschen. „Wo Sie sind",
antwortete er, "gibt es kein zivilisiertes Zusammenleben". Und fuhr
fort: „Mir ist egal, ob Sie Ritter eines königlichen Ordens sind oder
des russischen Kaisers, denn ich werde Ihnen jetzt sagen, dass Sie ein
Hund sind". „Erinnern Sie sich gut daran, vergessen Sie nicht, was
Sie da gerade in Gegenwart der Herren Riedel, Rubzoff und Ménétriès
gesagt haben", war alles, was ich ihm antwortete. So endete unser
Streit, dessen Ton schon wegen des Faustschlags auf den Tisch, der
im ganzen Haus zu hören war, sehr angespannt war* (7).

*Da ich durch dieses unzivilisierte Verhalten zutiefst getroffen war,
setzte ich die Entscheidung, die ich sofort getroffen hatte, erst um als
ich mein kaltes Blut wiedergefunden hatte. Heute schrieb ich nach
langem Nachdenken und einer schlaflosen Nacht den beiliegenden
Brief an diesen unvorsichtigen Zweiundzwanzigjährigen, der auf so
grobe Weise einen einundfünfzigjährigen Herrn beleidigt hatte. Heute
gab es noch viele Kontroversen, als wir miteinander abrechneten.
Welch unglücklicher Tag!*

*An Herrn Moritz Rugendas:
Anbetracht der Tatsache, dass Sie sich bereits mehrere Male in zutiefst unmoralischer Weise gegen mich, den Leiter der Expedition seiner Majestät, des russischen Kaisers, verhalten haben, und dass Sie
gestern gegen mich die grobsten Beschimpfungen gerichtet haben,
und dabei vollkommen vergessen haben, welche Rücksichten Sie mir
bei meinem Alter, meiner Position und Würde schulden, dispensiere*

ich Sie von allen Pflichten und verlange die vollständige Rückgabe aller Expeditionsmaterialien einschließlich der Zeichnungen. Heute noch werde ich Ihnen Ihr Reisegeld nach Rio auszahlen sowie das verbleibende Gehalt, das ich Ihnen noch schulde. Unser Ehrbegriff ist so unterschiedlich, dass mir Ihr Urteil als junger Künstler ebenso gleichgültig ist wie Ihr Verhalten mir gegenüber. Mir ist auch gleichgültig, dass Sie heimlich aus meinen persönlichen Briefen aus dem Kontext gerissene Worte auf parteiische und verzerrende Art an fremde Personen weitergegeben haben. Grobe Beleidigungen verdienen nur eins: Verachtung.

Gute Reise. Sie müssen den Weg nach Ouro Preto nehmen, dort werden Sie Ihren Pass erhalten. (Ich werde an seine Exzellenz, den Präsidenten entsprechend schreiben). Sobald Sie nach Porto Estrela kommen, schicken Sie bitte den Esel, den Sie für Ihre Reise bekommen haben, zur Fazenda Mandioca. Ich werde den Vize-Konsul seiner Majestät, des russischen Kaisers, Herrn Kielchen, beauftragen, Ihre Expeditionszeichnungen in Rio de Janeiro in Empfang zu nehmen.

G. v. Langsdorff

An Herrn Vice-Konsul Kielchen
Rugendas erstellte viele Zeichnungen, die er nicht ablieferte. Da ich die Schwierigkeiten und Unannehmlichkeiten kenne, die Ihnen ein Prozess gegen ihn bereiten würde, verlange ich zumindest das Erfüllen einer anderen Vertragsklausel: Er sollte also eine schriftliche Erklärung abgeben – in Form eines Vertrages – dass er die Expeditionsentwürfe nicht veröffentlicht oder durch Dritte verbreiten lässt, solange ich meine Reisebücher nicht publiziert habe. ...Dank Gott habe ich mich nun von diesem schlechten Charakter, von diesem Intriganten, Provokateur und Agitator befreit, der ständig die anderen gegen mich aufgehetzt hat (8).

Dass die Konflikte zwischen dem Baron und seinem Künstler letzten Endes auch auf die Spannung zwischen dem Aristokraten Langsdorff und dem Augsburger Bürger Rugendas zurückzuführen sind, wie die Rugendasforscher Pablo Diener und Maria de Fátima Costa vermuten (9), kann jedenfalls aus dem skizzierten Briefwechsel nicht gefolgert werden. Wohl aber ist an die von Langsdorff geforderte Detailtreue zu denken, die sicher wie eine Zwangsjacke auf Künstler wirkt (10).

Nach dem Bruch hält sich Rugendas zunächst in Ouro Preto auf und unternimmt von dieser barocken Stadt aus Exkursionen in das Umland. Ende April 1825 erreicht er dann Rio. Hier tritt er im Mai seine Rückreise über Salvador Bahia an und erreicht im Oktober Paris. Und: er lernt dort Alexander von Humboldt kennen, der von seinen Zeichnungen Brasiliens begeistert ist und ihn in die Pariser Künstlerkreise einführt: Besonders Delacroix hinterlässt einen tiefen Eindruck auf ihn. Der notiert aber in seinem Tagebuch: *Ich habe Rugendas in meinem Haus getroffen, seine Bilder haben mir teils Vergnügen bereitet, aber alles in allem war es doch eher eine Anstrengung* (11). Die Gegenliebe ist also nicht so groß!

Nach kurzem Zwischenstopp in seiner Vaterstadt Augsburg ist er ab Juni 1826 wieder in Paris und beginnt mit der Erarbeitung seiner berühmten „Voyage Pittoresque dans le Brésil". Ein Zeichen, wie viel Material er aus Brasilien mitgebracht hat – unter Verletzung seines Arbeitsvertrages mit Langsdorff. Vielleicht erklärt das auch seine Herausgabe der „Malerischen Reise" in Paris, da können ihn die Langsdorffschen Anwälte nicht so schnell unter Druck setzen.

Ausgesuchte Lithographen übertragen mehrere Jahre hundert Motive auf Stein, die zwischen 1827 und 1835 bei dem Verleger Engelmann in Paris gedruckt werden. Besonders bekannt unter ihnen ist der englische Künstler Richard Parkes Bonington, bei dessen Lithographie „Hafeneinfahrt von Rio de Janeiro" der künstlerische Anspruch besonders deutlich wird, den die Lithographen an sich stellen, die Rugendas Zeichnungen bearbeiten: Bonington dramatisiert die ruhige Zeichnung Rugendas' durch eine stürmische aufgepeitschte See, gegen deren dunkle Wellen zwei Segler ankämpfen. Kurz, die „Malerische Reise" idealisiert bei der Steinübertragung alle vier Themenbereiche, die Landschaften aus Minas Gerais und um Rio, aber auch um Bahia und Pernambuco, die Menschen und das Brauchtum, die Bräuche und Sitten der Indianer und das Leben der Schwarzen. Eher ein Traumland wird den Europäern vorgestellt, sicher keine Dokumentation, schon gar keine wissenschaftliche. Das Album sollte eben dem Markt und dem Verleger entgegenkommen. Und natürlich den künstlerischen Ambitionen der Lithographen entsprechen.

Kein Wunder, dass Kritik laut wird, auch an dem Text der „Voyage Pittoresque", der von Rugendas Freund, dem Journalisten Victor-Aimé Huber stammt, da Rugendas schreibunerfahren war und auch kein Tagebuch führte. Martius kritisiert im Juni 1827 in einem Brief an Spix Text und Darstellung: *Ich habe das erste Heft mit Rugendas Zeichnungen gesehen. Wie es scheint steht der gute Geschmack vor der Dokumentation* (12). So stünden beispielsweise in Berggegenden Araukarien neben Palmen oder flögen Flamingos durch Wälder, in denen sie gar nicht vorkämen. Außerdem sei der Text aus anderen Schriften fehlerhaft zusammengetragen worden. Also auch noch ein Plagiatvorwurf! Und Wied-Neuwied sekundiert bei den Teilen über die Indianer. Das Meiste sei erfunden und die Portraits alles andere als charakteristisch (13). Gefragt war bei diesen Wissenschaftlern eben die Dokumentation.

Den Stilwandel von der eher wissenschaftlichen Illustration zur künstlerischen Lithographie hat sicher auch Humboldt mitbeeinflusst. Der plädiert ja für das Zusammengehen von wissenschaftlicher Erkenntnis und künstlerischer Schöpfung. Und vor allem für die Schaffung einer Gesamtsicht, nicht für die detailgetreue Darstellung der Einzelpflanze. Diese soll in ihrer Umgebung gezeigt werden. Das verführt natürlich schnell zur Montage, zur Collage und eben nicht zu der rein dokumentarischen Abbildung. Das ist aber nicht tragisch, wenn die Details stimmen und die wirklich zusammengehörenden Pflanzen und Tiere in ihrem Lebensraum gezeigt werden! Die genau registrierte Pflanze steht also idealtypisch in einer Landschaftskomposition. Schließlich soll die Zeichnung ja nach Humboldt auf eine *ebenso lehrreiche als anmuthige Weise zum Verkehr mit der freien Natur* anregen, *den physiognomischen Charakter der verschiedenen Erdräume anschaulich* machen und die *Sehnsucht nach fernen Reisen vermehren* helfen (14). Weiter heißt es im zweiten Band von Alexander von Humboldts „Kosmos" 1847: *Himmelsbläue, Wolkengestaltung, Duft, der auf der Ferne ruht, Saftfülle der Kräuter, Glanz des Laubes, Umriss der Berge sind die Elemente, welche den Totaleindruck einer Gegend bestimmen. Diesen aufzufassen und anschaulich wiederzugeben ist die Aufgabe der Landschaftsmalerei* (15).

A beau mentir qui vient de loin, der kann gut lügen, der von weit her-kommt, soweit wie dieses französische Sprichwort geht die Hum-boldtsche Konzeption natürlich nicht.

Das ist schon ein großer Schritt für einen Reisemaler, der abseits von Salons und der Formenlehre der Akademien ‚in' der Natur arbeitet. Und wissenschaftliche Illustrationen liefert, reale und objektive Daten speichert. Zur Erweiterung der rein dokumentarischen Sichtweise tra-gen dann neben der idealisierenden Lithografie und Humboldts ganz-heitlicher Vorstellung Rugendas längere Italienreise bei, und sein teilweiser Übergang zunächst zur flüchtigen Ölskizze und dann zum ausgereiften Ölbild, das natürlich den neoklassischen Traditionskanon zu berücksichtigen hat. Das wird Rugendas bestimmt nicht leicht ge-fallen sein, denn wir wissen ja aus seinem Brief an seine Schwester Louise vom 31. März 1832, dass er eigentlich keinen Spaß am Malen hat, das Zeichnen ist eben seine Stärke. Aber der Einfluss William Turners, der Ende 1828 einige seiner Werke auf einer von Rugendas besuchten Ausstellung in Rom zeigt und die die flüchtige bis ans Abs-trakte grenzende Ölskizze, die bislang nur als Zwischenschritt gesehen wurde, als eigenständige Gattung hoffähig macht, wird Rugendas e-benso in seiner Weiterentwicklung beeinflusst haben wie die flüchti-gen Ölskizzen des Berliner Malers Carl Blechen, mit dem er wohl in Rom zusammengearbeitet hat (16).

Und wirklich: zwischen 1829 und 1831 gelingen Rugendas dann seine ersten zwölf brasilianischen Ölbilder, gestützt auf seine Zeichnungen und auf seine Erinnerung. Im Vordergrund steht die Mata Atlantica, der brasilianische Urwald. Ganz im Sinne Humboldts werden die Ge-wächse und Bäume in ihrem Ambiente wiedergegeben, die Pflanzen, die zusammen gehören, werden gemeinsam gezeigt. Dabei werden ih-re Singularität und ihre charakteristischen Züge eingefangen. Und trotzdem: Es entstehen Idyllen, mehr Sehnsuchtsorte als Dokumenta-tionen der realen Natur (17).

Vor allem nach seiner Rückkehr von seiner zweiten langjährigen Süd-amerika-Reise schafft er dann seine Portraits, besonders des brasilia-nischen Königshauses, die durchweg idealisiert sind, verjüngen und schmeicheln.

Zurück in München gelingt es Rugendas im Frühjahr 1830, einen Teil der Brasilienbilder an das preußische Königshaus und einen Teil an die Fürsten von Thurn und Taxis zu verkaufen. Damit ist seine zweite geplante Reise nach Südamerika zunächst einmal gesichert. Seine Versuche, in Berlin, London und Paris Unterstützung für sein neues Projekt zu erhalten, erfüllen sich nicht. Auch der Stuttgarter Cotta-Verlag beteiligt sich nicht.

Im Mai 1831 ist es endlich so weit: Seine zweite Reise kann von Bordeaux aus beginnen. Nach seiner Ankunft im Juli im mexikanischen Vera Cruz wird er 15 Jahre in Lateinamerika bleiben. Zunächst rund drei Jahre in Mexiko, dann acht Jahre bis 1842 in Chile und schließlich knapp anderthalb Jahre in Lima. Auf der Rückreise nach Europa über Chile, Buenos Aires und Montevideo macht er dann noch einmal längere Zeit Station in Rio de Janeiro – rund zwanzig Jahre nach seinem ersten Rio-Aufenthalt. Im März 1847 erreicht er dann den Hafen Fallmouth in England.

In Mexiko steht die Landschaftsmalerei im Vordergrund. Rugendas konzentriert sich dabei besonders auf Ölskizzen und größere Gemälde, die von Turner und Blechen beeinflusst sind und denen natürlich seine Zeichnungen zu Grunde liegen. Im April 1833 wird er als Mittäter an einem politischen Komplott angeklagt und inhaftiert. Der Vorwurf: Fluchthilfe, die er für den General Morán und für Miguel de Santa Maria, seinen Bekannten aus Pariser Tagen, geleistet habe. Im September erfolgt zwar sein Freispruch, doch er wird ausgewiesen. Eine kleine Bleistift-Zeichnung zeugt von der Verhaftung: das Autoportrait zeigt Rugendas in theatralischer Haltung, sein Blick ist auf das kleine vergitterte Fenster gerichtet und seine Hand liegt auf seiner Brust. Vielleicht eine Geste, die seine Unschuld unterstreichen soll!

Im Mai 1834 schifft er sich nach Valparaiso ein. Er bleibt zunächst bis November 1837 in Santiago, mit einem längeren Zwischenaufenthalt in Talca sowie längeren Reisen in den Süden und in den Norden und geht anschließend bis Oktober 1842 nach Valparaiso. Bevölkerung und Volksleben Chiles schieben sich in den Vordergrund, das zeigt besonders sein „Álbum de Trajes Chilenos". Nach dem großen Erdbeben im Februar 1835, das die südlich von Santiago gelegene Stadt

Chillán zerstört, reist Rugendas von November 1835 bis März 1836, also im chilenischen Sommer, in den Süden, in die Frontera, das Grenzgebiet zu den Araukaner-Indianern. Verständlich, dass ihn hier besonders die Indianerüberfälle und ihr „Rapto", der Raub der weißen Frauen, der in aller Munde ist, interessieren.

Für die Liebe ist er damals sowieso höchst sensibilisiert: dazu trägt seine Bekanntschaft mit Carmen Arriagada bei, einer mit einem preußischen Offizier in chilenischen Diensten verheirateten attraktiven jungen Frau. Eine Beziehung, die rund fünfzehn Jahre hält, die meiste Zeit als Brieffreundschaft. Mit ihren Liebesbriefen an Johann Moritz Rugendas entwickelt sich Carmen Arriagada zu der besten Prosaschriftstellerin Chiles der ersten Hälfte des 19. Jahrhunderts. *Was für eine Frau, ich habe in Chile nie eine gebildetere getroffen*, schreibt 1837 der chilenische Ex-Präsident Manuel Blanco Encalada (18).

Carmens Briefe entstehen zwischen November 1835 und Juni 1851 und enthalten rund 1000 Seiten, die heute in dem Iberoamerikanischen Institut in Berlin liegen. In diesen Episteln gesteht Carmen ihre große Liebe zu Rugendas: *Ich bete Dich an und werde Dich immer lieben. Ich kann nur an Deiner Seite glücklich sein*, schreibt sie im Januar 1837 an Rugendas und fährt am 7. März 1837 fort: *Wir sind nicht schuldig geworden. Wir haben zwar unsere Liebe nicht verhindern können, aber wir haben die Bande, die uns trennen, respektiert.* Dass es sich zunächst um eine platonische Liebe handelt, betont sie mehrfach, zum Beispiel am 22. Juli 1837, am 12. September 1837 oder am 1. November 1837. Aber am 16. August 1838 bekennt sie Rugendas: *In meinem Liebeswahn habe ich alles geopfert. ... Bei Deinem letzten Besuch habe ich die wahre Liebe erlebt.* Das musste kommen, bei dieser bedingungslosen Liebe: *Du weißt nicht, wie sehr ich Dich liebe, ... ich habe den glühenden Wunsch, Dich an meinen Busen zu drücken, Dir tausend liebevolle Küsse zu geben und mit Dir die ganze Süße der Liebe auszukosten*, ergänzt sie in Ihrem Schreiben vom 16. August 1838. Und fügt am 3. September 1838 hinzu: *Wenn es ein Leben nach dem Tode gibt, werde ich Dich ewig lieben.*
Sie flüchtet in diese Beziehung, denn sie fühlt sich in Talca *so fremd wie mitten in Russland,* das schreibt sie am 14. Februar 1838 an ihren Johann Moritz. Und stöhnt am 20. Februar 1838: *Wie miserabel ist*

mein Leben ... die Tage sind so lang! Und die Nächte, mein Gott! Die Nächte! Sie erscheinen mir ewig lang! Ob sie damals schon spürt, dass Rugendas sich allmählich ablöst, dass die erste glühende Liebe bei ihm verblasst? Jedenfalls wirft sie ihm am 11. Oktober 1838 vor, ihr etwas zu verheimlichen: *Du erzählst mir viel, ohne etwas zu sagen".* Ein Verdacht, den sie am 28. August 1839 wiederholt und der in ihrem Schreiben vom 10. September ganz deutlich wird: *Du erinnerst Dich sicher an jene bittersüßen Nächte, in denen ich die Vernunft verlor und mich Dir nach tausend Zärtlichkeiten ganz hingeben wollte. Du aber reagiertest kalt und reserviert, Du schienst das Feuer, das Du entzündest hattest wieder löschen zu wollen. ... Ich glaubte, Du liebtest eine andere Frau und liebkostest mich nur wegen Deiner früheren Versprechen. ... Als Du endlich sprachst, war Deine Entschuldigung der Schwur, den ich am Grab meiner Mutter geleistet hatte. ... Ich bedeckte Dich mit meinen Tränen, aber Du hast mich nicht getröstet.*

Nach Rugendas Rückkehr nach Europa bekennt sie ihm am 10. Dezember 1850: *Ich bin ziemlich resigniert. Wie ein Kranker, der weiß, dass er nicht geheilt werden kann.* Und in Ihrem letzten Brief vom 9. Juni 1851 bittet sie Rugendas: *Vergessen Sie Ihre Schwester nicht, die Ihnen auf immer zugetan ist. ... Ich bin, mein lieber Bruder, nicht mehr die alte Carmen. Ich habe körperlich und moralisch so gelitten, dass mein Körper und mein Geist stark mitgenommen sind.* Aus dem Geliebten ist der Bruder geworden! Vielleicht auch deshalb, weil sie bereits um Rugendas Flamme Clara Alvarez Condarco aus seiner Valparaiso-Zeit weiß, die sie obendrein nach Jahren zufällig in Santiago trifft und die sie für eine *femme à la mode* hält, die die *Lelia von George Sand* spielt. *Armer Moro* (Rugendas), seufzt sie nur (18)!
Nach dem Tod ihres Mannes und ihres Freundes Rugendas, beide sterben im Jahr 1858, lebt Carmen als „Doppelwitwe" noch bis 1900. Sicher keine leichten zweiundvierzig Jahre.

Nach Rugendas Südtripp 1835/1836 geht es dann im Februar 1837 in den Norden, zu der am Pazifik gelegenen Stadt La Serena und bis zu den Salpeterminen in Nordchile.

Klar, dass er auch den Osten erkundet: zusammen mit dem deutschen Maler Robert Krause bricht er Ende des Jahres nach Argentinien auf, zunächst nach Mendoza. Auf der Weiterreise geraten die Beiden in ein schweres Unwetter mit verheerenden Blitzeinschlägen. Rugendas' Pferd scheut, schmeißt ihn aus dem Sattel und zieht ihn galoppierend eine Strecke mit. Eine Szene, die César Aira in seiner Novelle „Humboldts Schatten" anschaulich beschreibt:

Der zweite Blitz schlug keine zwanzig Sekunden nach dem ersten ein. Er war wesentlich stärker und hatte verheerende Folgen. ... Das Pferd rannte los und Rugendas mit! Er konnte und wollte es nicht verstehen, er war zu ungeheurlich. Er spürte, wie er mitgeschleift wurde, fast schwebte ... Rugendas' Gesicht war eine geschwollene, blutige Masse, der Stirnknochen lag offen, über den Augen hing die Haut in Fetzen. Die Nase hatte ihre charakteristische Form verloren (19).

Ein Unfall, der Rugendas sein weiteres Leben erschwert, mit unerträglichen Schmerzen, Migräne- und Schwindelanfällen, von den Vernarbungen im Gesicht und der Lähmung der linken Gesichtshälfte ganz zu schweigen. Damit ist ein weiteres Vordringen in das argentinische Landesinnere ausgeschlossen, und er kehrt nach Chile zurück.

Neben der Bevölkerung und dem Brauchtum Chiles und neben dem dramatischen Frauenraub interessieren ihn auch stark als Motive die Küste mit ihren gigantischen Felsformationen, die Kordillere und die Städte Valparaiso und Santiago. Über den „Rapto" der weißen Frau arbeitet er selbst noch nach seiner Rückkehr nach Europa.

Ende 1842 ist es dann nicht wie in Mexiko die Politik, sondern die Liebe, die ihn Chile in Richtung Peru verlassen lässt. Die verheiratete und im Süden lebende Carmen bleibt für eine Ehe unerreichbar, und die Eltern seiner jungen Malschülerin Clara Alvarez Condarco schließen wegen des großen Altersunterschieds zwischen dem Meister und seiner Schülerin einen Bund kategorisch aus. Rugendas bleibt von Januar 1843 bis September des Folgejahres in Lima. Interessant, dass er hier zum ersten Mal die koloniale Architektur porträtiert, um die er sich in Ouro Preto und Mexiko-Stadt nicht gekümmert hat.

Im Februar 1844 schifft er sich dann über Cap Horn nach Montevideo und Buenos Aires ein. Die Gauchos, ihre Trachten, Planwagen und

Pferde werden von ihm häufig gezeichnet und gemalt. Dass er hier den Poeten Esteban Echeverría, den Autor der „La cautiva", des Frauenraubs, kennenlernt, erhöht wieder sein Interesse an diesem Motiv.

Seine letzte Reiseetappe vor Europa in Rio de Janeiro wird zum Triumpf: Sein alter Kollege Riedel aus Langsdorffs Zeiten, damals Direktor der „Kaiserlichen Gärten", und der Direktor der „Kaiserlichen Akademie der Schönen Künste" Felix Emílio Taunay, ein Verwandter des tödlich verunglückten Langsdorff-Zeichners, öffnen ihm in Rio die Türen. Er erhält Aufträge des Kaiserhauses, kann den Kaiser Don Pedro II, die Kaiserin und den Infante portraitieren, und wird zu den jährlichen Ausstellungen 1845 und 1846 der Kunstakademie eingeladen. Als *einen Menschen von großem Talent* schildert der Kaiser Rugendas in einem Brief an seine Schwester, dessen interessante Trachten-*, Landschafts- und Sittenbilder ihr das geliebte Vaterland in Erinnerung rufen könnten* (20). Don Pedro verleiht ihm sogar die Auszeichnung zum „Cavalheiro da Ordem Imperial do Cruzeiro". Ein Erfolg, zu dem sicher auch seine „Malerische Reise nach Brasilien" mit ihrem positiven Brasilienbild beigetragen hat.

Mit Sicherheit sind die Ölportraits der königlichen Familie keine Dokumentationen: sie schmeicheln, beschönigen und betonen den gesellschaftlichen Rang der Portraitierten. Dona Teresa Cristina, die spätere Kaiserin, erschien Don Pedro II beim Kennenlernen als hässlich und dick. Ihr Portrait zeigt aber eine schlanke, sympathische Frau, wenn auch keine auffallende Schönheit. Hinter ihr erscheint eine klassische Säule, und den „background" bildet eine Bergkette, die an Italien, ihre Heimat, erinnert.

Aber auch die Arbeiten über die Araukaner sind keine genaue Entsprechung der Realität, selbst wenn es sich um Zeichnungen handelt. Die Frauen werden beispielsweise nach den europäischen Vorstellungen idealisiert und die dramatischen Szenen bei dem Frauenraub sind ebenfalls keine Dokumente. Die geraubten Frauen wurden übrigens als zusätzliche Ehefrauen in die Indianerhaushalte integriert, während die gefangenen Männer für die Landarbeit eingesetzt wurden.

Im Frühjahr 1847 trifft Rugendas dann in Europa ein. Bei seinem Aufenthalt in Paris wird er zum Mitglied der „Société Ethnologique" ernannt und zur Mitarbeit in einer Kommission eingeladen, die sich mit den Wesensmerkmalen von Weißen und Schwarzen befassen sollte. Besonders ehrenvoll: eine Einladung der Direktion der Königlichen Museen, über seine Reisen zu erzählen.

Die „Augsburger Allgemeine Zeitung" berichtet dann am 5. Juli 1847 von der Rückkehr in seine Heimatstadt *als 45jähriger Mann, fast wie er ausgezogen, aber reich an Zeichnungen, Plänen, Bildern und Entwürfen* (21).
Nach seinem Umzug nach München gelingt es Rugendas im Juni 1848, seine Amerika-Bilder an die bayrische Krone zu verkaufen, gegen eine jährliche Rente von 1200 Gulden. Eine Kommission der Akademie der Wissenschaften mit dem Botaniker von Martius und dem Maler Moritz von Schwind hatte den Ankauf empfohlen. Achtzig Jahre später verkauft der bayrische Staat fast alle Brasilienbilder nach Brasilien, dort sollte ein entsprechendes Museum gegründet werden. Doch dieser Plan gelingt nicht, die Brasilienbilder werden weiter verkauft und über die Welt verstreut. Rund hundert Blätter sind heute verschollen. Die fünfundvierzig Arbeiten, die der bayrische Staat behalten hatte, verbrennen im 2. Weltkrieg.

„Die Landung des Kolumbus in Amerika", die soll Rugendas für das Münchener Maximilianeum als Riesen-Gemälde gestalten. Auf Betreiben des Bayrischen Königs Maximilian II. Das großformatige Gemälde wird nach vielen Schwierigkeiten 1855 fertig und nach dem Tod des Monarchen von der Neuen Pinakothek in München angekauft. Im Zweiten Weltkrieg ist es ebenfalls zerstört worden.

Öffentliche Anerkennung bleibt nicht aus: König Friedrich Wilhelm IV von Preußen verleiht ihm 1854 den „Roten Adlerorden III. Klasse", den Rugendas sogar in Bayern tragen darf. Vielleicht wichtiger: Friedrich Wilhelm IV kauft auch Ölstudien über Mexiko auf. Hinter dem Ganzen steht natürlich Alexander von Humboldt. Rugendas lernt damals in Berlin auch den Historiker Leopold von Ranke und den Maler Adolph von Menzel kennen.

Kurz vor seinem Tod freundet er sich mit der bedeutend jüngeren Maria Sigl an, Tochter eines Weilheimer Fabrikanten. Und dieses Mal gibt es mit der geplanten Ehe nicht die ihm aus Valparaiso so wohlbekannten schwiegerelterlichen Probleme. Im Gegenteil: er wird freundlich aufgenommen. Voller Hoffnung schreibt er im Wonnemonat Mai an seinen Bruder, durch seine Frau wieder aufleben und vor allem *seine Mannes- und Künstlerkraft* zurückgewinnen zu können (22). Doch knapp drei Wochen später, am 29. Mai 1858, stirbt er völlig unvorhergesehen. Allerdings einen ‚glücklichen' und schnellen Tod: eine Schlagader war geplatzt.

Sein künstlerischer Nachlass wird noch 1858 von dem „Historischen Verein für Schwaben und Neuburg" erworben.

Sein ehrgeiziges Ziel ist, einen Corpus zu schaffen, der breites Verständnis der Natur und der Völker Lateinamerikas ermöglicht. Das was Humboldt als Wissenschaftler für Lateinamerika bedeutet, das will er als Künstler leisten (23). Ob er auch so fair war, dabei ebenfalls an Langsdorff zu denken?

Schon allein die brasilianischen Ölbilder von Rugendas wie seine Tropenwaldbilder oder seine Ansichten der Guanabara-Bucht in Rio de Janeiro oder sein Album „Malerische Reise nach Brasilien" mit seinen aufschlussreichen Lithographien zu Brauchtum, Bevölkerung und Landschaften beweisen, dass ihm das weitgehend gelungen ist.

Doch auch Rugendas wird vergessen. Erst 1928 werden seine Brasilienbilder aufgekauft, und die erste Biografie über ihn erscheint 1952 (24). Dass er in Südamerika bekannter ist als in Deutschland, wundert bei seinem langen Lateinamerika-Aufenthalt, der ihn von Mexiko bis nach Cap Horn brachte, nicht.

Exkurs: Hercule Florence (1)

Das Zeichner-Talent des Ende Februar 1804 geborenen Hercule Florence, das wird schon früh deutlich und von seinen Eltern, deren
Freunden und einem Atelier in Monaco gefördert. Zum Schlüsseler-
lebnis wird für den jungen Hercule die Lektüre Robinson Crusoes:
Seine Reiseleidenschaft bricht nach der Lektüre aus, er will den Globus durchstreifen und die Welt entdecken. Ein romantischer Traum,
den er tatsächlich wahr macht. Er tritt in die französische Kriegsmari-
ne ein. Trotz aller Schwierigkeiten, denn die Marine ist eine Domäne
des Adels, und für den Weg über die Marineschule in Angoulème zum
Offizier ist er bereits zu alt. So bleibt nur die Laufbahn des einfachen
Matrosen, ohne Aufstiegsmöglichkeiten.

Ihm gelingt, auf die Entdeckungsfahrt der Fregatte „Marie Thérèse"
über Brasilien und das Kap Horn nach Chile abkommandiert zu werden. Der ersehnte Traum scheint wahr zu werden. Schnell wird der
Kommandant auf ihn und seine Fähigkeiten aufmerksam. Bei seiner
hoffnungslosen Situation als Matrose rät er ihm väterlich, in Rio ab-
zumustern und sich dort eine Arbeit zu suchen. Nach vielen vergebli-
chen Versuchen erhält er einen Job als Laufbursche in dem Stoff- und
Kleidergeschäft von Pierre Dillon in Rio. Ein Alptraum für Hercule,
der sich als Abenteurer auf einer Weltumseglung oder doch wenigsten
als Künstler, als Zeichner, sieht. Nach einem Jahr kann er als Verkäu-
fer in die Buchhandlung und Druckerei Pierre Plancher in Rio wech-
seln, eine Chance für ihn, endlich kann er wieder lesen und lernen.
Daneben bietet er sich mit einer Zeitungsannonce als Zeichner an.
Und schon nach wenigen Monaten winkt das vermeintliche Glück:
Florence wird als zweiter Zeichner von Langsdorff für seine Expedition in das Landesinnere engagiert.
Da sind ihm die unerträglichen Strapazen der Expedition und die Krä-
che mit dem Baron noch nicht klar. Aber immerhin: er gehört zu den
wenigen Überlebenden, zu den Wenigen, die keine bleibenden Schä-
den davontragen.

Nach Ende der Expedition beginnt sein drittes Leben als Erfinder, Ge-
schäftsmann und Kaffeepflanzer. Doch der Anfang ist hart, da ihm

niemand seine entbehrungsvolle Teilnahme an der Forschungsreise dankt, im Gegensatz zu dem Baron, der bis zu seinem Lebensende eine gute Pension vom Zaren erhält.

Florence heiratet im Januar 1830 in Sao Paulo seinen Schwarm Maria Angelica, die er vor dem Start der Expedition in Porto Feliz kennengelernt hat. Beide ziehen nach Campinas, eine kleine Stadt mit damals rund 6000 Einwohnern, rund 100 km nordwestlich von Sao Paulo und 600 km von der Hauptstadt Rio entfernt. Auf Grund des Zuckeranbaus eine reiche Stadt mit rund 4000 Sklaven.

Bei der Herausgabe seiner „Recherches sur la voix des animaux" als sechzehnseitige Broschüre im Jahr 1831 kommt er endgültig auf den Geschmack: Erfinder, das will er werden, das ist „sein" Gebiet. Am Ende des Jahres 1831 ist es bereits soweit: Florence gelingt die Erfindung der „Polygraphie". Die Bleibuchstaben eines Gutenberg, die Steine der Lithographen oder das Holz bzw. Kupfer der Graveure sind jetzt nicht mehr notwendig. Es geht viel einfacher und billiger: auf eine untere Platte wird eine pappige Tintenschicht aufgetragen, die dann durch die durchbrochenen Striche der Gravur das Blatt bedruckt. Dazu müssen beide Platten und das Blatt in eine Presse. Eine Erfindung, die er sein ganzes Leben lang verbessert.

Schon bald gibt er dann seinen „Atlas pittoresque des ciels à l'usage des jeunes paysagistes" heraus. Eine Anleitung für junge Künstler, endlich mit den standardisierten „Himmeln" aufzuhören und die je nach Tageszeit, Licht- und Wetterverhältnissen wechselnden Himmelsbilder zu berücksichtigen. Nein, der Himmel ist für Florence in einem Aquarell eben nicht Nebensache!

Im August 1832 gelingt ihm dann der große Wurf, die Entdeckung der Fotografie. Und das einige Jahre vor Daguerre in Paris. Das Problem ist nur, dass seine Erfindung aus dem rückständigen Brasilien in Europa nicht beachtet und Daguerre als Vater der Fotografie gefeiert wird. Resigniert und zermürbt schreibt er im November 1839 in einem Artikel für den Paulistaner „Phenix" und den „Observador Paulistano", er hoffe, dass die Welt einst vor den Daten entscheiden werde, wer der wirkliche Erfinder der Fotografie sei.

Der Tod seiner Frau im Februar 1850 wirft ihn dann weiter zurück. Mit Hilfe seiner zweiten Frau, der Deutschen Carolina Krug aus Kassel, findet er aber wieder in das Leben zurück. Beide ziehen 1863 von ihrer Fazenda „Soledade" nach Campinas und eröffnen eine erfolgreiche Mädchenschule, das Collège „Florence".

Als Alfredo d'Escragnolle Taunay 1875 Florence bittet, seinen lediglich bis Cuiabá reichenden Expeditionsbericht zu vervollständigen und ihn in der „Revista do Instituto Histórico e Geografico do Brasil" zu veröffentlichen, ist das Glück fast vollkommen. Mit dieser Veröffentlichung fühlt sich Florence rehabilitiert. Eine Freude und Genugtuung, die noch durch seine Wahl in das „Historische und Geografische Institut Brasiliens im November 1877 erhöht wird. Logisch, dass er seine Einführungsrede über die Expedition Langsdorffs hält.

Wenig später, am 28. März 1979, stirbt Florence für damalige Verhältnisse hochbetagt mit fünfundsiebzig Jahren an einer schweren Krankheit. Nach fünfundfünfzig Jahren in Brasilien und fünfzig Jahren in Campinas. Die „Gazetta de Campinas" kommentiert seinen Tod einen Tag später voller Hochachtung:

Wir sind von einer traurigen Nachricht überrascht worden. Gestern ist der bekannte und verehrte alte Herr Hercule Florence gegen 15.30 nachmittags verstorben. Er wohnte seit vielen Jahren in Campinas und hat diese Stadt zu seiner zweiten Heimat gemacht. ... Hercule Florence gehörte zu den gestandenen Menschen, die sich der Religion der Arbeit verschrieben haben. Er hat als erster den Druck in Campinas eingeführt. Sein Name ist durch seine zahlreichen wissenschaftlichen Forschungen wirklich sehr bekannt geworden und zwar sowohl in Brasilien, aber auch in Europa. Er wird von allen respektiert, die eine aufgeklärte Intelligenz gepaart mit erstklassigen Qualitäten zu schätzen wissen (2).

Dass sein Beitrag zu den Indianern, zu der Zoologie und Botanik von großem Wert ist, steht außer Zweifel. Er besitzt einfach den wissenschaftlichen Blick, vereint künstlerisches Talent, methodisches Interesse und Abenteuerlust. Seine Erfindungen sind eine Riesenleistung in dem damals wissenschaftsfernen Brasilien, das seine Erfolge nicht so recht sehen und anerkennen wollte. So fühlt sich Florence wohl auch zeitlebens eher als „Rufer, als Erfinder in der Wüste".

.

Zurück zu dem Langsdorffschen Expeditionsteam und seinen Spannungen:
Die Probleme mit den Künstlern perpetuieren sich auch nach der Entlassung von Rugendas. Als Taunay im Dezember 1825 während der Paulistaner Expedition nicht nur zu spät, sondern auch weitgehend unvorbereitet zum morgendlichen Aufbruch erscheint, da reicht es Langsdorff und er kontert mit einer offiziellen Anweisung für die Mitarbeiter:
Daher erließ ich einen Diensterlass (siehe Annex), der ab heute gilt. ... Es ist sehr schwierig, tolerant zu den Jungen zu sein und die richtige Mitte zwischen Laissez-faire und Forderung zu treffen, mit der man sie behandeln muss. Viele halten sich für intelligenter als den Chef und das sind sie ja auch vielleicht. Sie glauben alles besser zu wissen und deshalb verweigern sie den Gehorsam und akzeptieren die Normen nicht (2).
Immerhin, die Intelligenz seiner jungen Mitarbeiter erkennt er an. Dass er sich dann mit schriftlichen Direktiven durchzusetzen versucht und nicht im offenen Gespräch überzeugen will, geht wohl auf seine autoritäre Haltung.

In seiner Instruktion vom 5.2.1826 definiert er die Funktionen von seinen Mitarbeitern Riedel, Rubzoff, Taunay und Hasse (3). Ein Tagebuch über die wichtigsten Ereignisse, das sollen alle führen und dabei nicht vergessen, dass es sich um eine wissenschaftliche Expedition handelt. Und an dieser nähmen ja alle nicht des Geldes wegen, sondern aus Ehrgeiz und aus Prestigegründen teil. Klar sei aber, dass der Zar sie später belohnen werde. Freundschaft und Harmonie unter den Teilnehmern, das sei die notwendige Basis für einen glücklichen Verlauf ihrer Reise. Rubzoff habe bisher seine Arbeiten schnell und aktiv erledigt, er sei weiter für Meteorologie, Astronomie und für Geografie zuständig. Der Künstler, gemeint sind wohl Taunay und Florence, habe die von den Wissenschaftlern Riedel und Hasse vorgegebenen Objekte zu zeichnen. Den Zeichnern empfiehlt er, vor allem von besonderen Naturerscheinungen auszugehen, zum Beispiel von Palmen und Araukarien oder von Bäumen, die der Wind auf attraktive Weise zerzaust hat. Kurz, es müssen denkwürdige Gegenstände sein. Riedel wird zu seinem Abwesenheitsvertreter ernannt (4).

Seine autoritäre Einstellung verwundert besonders Taunay gegenüber, den er künstlerisch vollkommen anerkennt, ja vielleicht sogar bewundert, und bei dem ihn eigentlich nur dessen Unvorsichtigkeit, dessen Hang, Sonderrollen zu spielen, und dessen nicht immer ausreichendes Engagement stört, das Taunay allerdings durch seine Genialität mehr als ausgleicht:

Das ist eine sehr schmerzhafte Nachricht für mich (die Todesnachricht Taunays), *obwohl ich viele Motive hätte, mit dem Verhalten des Verstorbenen unzufrieden zu sein. Taunay besaß viele angeborene Talente: er war ein wahrer Künstler. Ein Genie in jedem Sinn ..., aber gleichzeitig war er grenzenlos unvorsichtig und verwegen. .... Wenn er wirklich mal arbeiten wollte, was selten geschah, schaffte er in einer Stunde mehr als jeder andere Künstler in einem halben Tag. ... Ihm gelang es, aus dem Gedächtnis mit großer Ähnlichkeit die Portraits von seinem Vater und seinem Bruder zu malen* (5).

Und trotzdem: Langsdorff kritisiert mehr als einmal Taunays Arbeiten: Sie erscheinen ihm häufig als unfertig und unpräzise. Als zu künstlerisch: er erwartet ganz einfach detailgenaue Illustrationen und kann auf künstlerische Inspiration weitgehend verzichten.

Ein Thema, das seit Alexander von Humboldt, vor allem seit seiner Veröffentlichung „Essai sur la géographie des plantes, accompagné d'un tableau physique des régions équinoxiales", Paris 1805, stark zwischen Künstlern und Wissenschaftlern diskutiert wird (6).

Aber auch mit seinem Vertreter P.S. Kielchen am Generalkonsulat in Rio de Janeiro scheint er nicht auf allzu gutem Fuß zu stehen. Dass ihm Kielchen nicht immer loyal zuarbeitet, davon ist er offenbar überzeugt:

Meine Korrespondenz mit Freese Blanche (einem Handelshaus in Rio, das Langsdorff Geld geliehen hat) *ist aggressiv und unschön geworden, besonders, weil P.A. Kielchen nach meiner Meinung seine Pflicht von Anfang an nicht erfüllt hat. Er mischte sich ständig in meine Angelegenheiten mit der Regierung und hat damit meinen großen Plänen entschieden geschadet* (7).

Da erstaunt es nicht, dass es auch mit dem dritten Zeichner der Expedition Hercule Florence Probleme gibt. Er ist Langsdorff zu passiv und an den Expeditionszielen zu uninteressiert, ganz abgesehen da-

von, dass er ihm keine Führungsrolle zutraut (8). Wenn Florence seine Wünsche nicht durchsetzen kann, wie zum Beispiel, mit einem Kanu der Expedition voraus nach Cuiabá zu fahren, dann kann er frech und respektlos werden. Langsdorff reagiert zunächst wieder mit einer Entlassung und fragt sich fassungslos:
Ich verstehe nicht, warum jeder Künstler so temperamentvoll, nervös und unangenehm sein muss (9).

Eine Ausnahme bilden vor allem der Astronom Rubzoff und der Botaniker Riedel. Rubzoff hält er für fleißig, loyal und treu, aber gerade dieser Mitarbeiter, *der mir am nächsten steht* (10), ist bereits Anfang September 1826 so erschöpft und dem Alkohol verfallen, dass er sich von allen für verfolgt hält:
Er glaubt, alle seien seine Feinde, und nicht nur wir, sondern ganz Brasilien spreche schlecht über ihn und sein Ruf sei schon in Petersburg angekommen. ... Er fühlte sich so unglücklich, dass er ganz allein leben wollte, von allem und von allen abgeschnitten. Alle meine Anstrengungen, ihn zu trösten und ihm diese fixe Idee auszutreiben, waren umsonst.
Meine jungen Freunde, Ihr, die mich lest, solltet erkennen, dass das die Konsequenz von übertriebenem Alkoholkonsum ist (11).
Dem ausgeglichenen Riedel, dem Taunay Selbstsicherheit, Lockerheit und Nachsichtigkeit attestiert (12), vertraut er seine Stellvertretung an, doch der nimmt dann zusammen mit Taunay ab Cuiabá eine andere westlichere Route über den Rio Guaporé und Porto Velho zum Amazonas.

Im Grunde geht es bei den Auseinandersetzungen Schlag auf Schlag: erst Rugendas, dann Taunay, Kielchen und Florence. Der vertraute Rubzoff dreht durch und der Stellvertreter Riedel macht sich mit einer zweiten Expeditionsgruppe selbständig.
Ein Trauerspiel, das nicht überrascht, wenn man weiß, wie Langsdorff seine Crew wirklich einschätzt:
Es ist wirklich nicht einfach, dreißig Leute dazu zu bringen, die elementarsten Regeln des Zusammenlebens zu beachten. Sie sind daran gewöhnt, ohne Ordnung zu leben, es sind Kreaturen zwischen Mensch und Tier.

Dreiviertel von ihnen sind halbtot, krank, sie stöhnen beständig und fallen lästig. Der Rest, wenn Sie mir den Ausdruck erlauben, frisst wie Vieh, oder schlimmer, denn Tiere haben wenigstens einen Sinn für Grenzen, der geht diesen Leuten vollkommen ab. Sie glauben, wenn sie bis zum Anschlag essen, würden sie von ihren Krankheiten geheilt (13).

Eine bittere Bemerkung und Beurteilung. Sicher, diese Diagnose bezieht sich mehr auf die Mannschaft, weniger auf die Wissenschaftler oder Künstler, aber auch mit diesen klappt das Zusammenleben ja nur äußerst schlecht oder wie besonders im Fall von Rugendas gar nicht. Interessant auch, dass der Forscher, Arzt und Diplomat Langsdorff wirklich glaubt, mit schriftlichen Anweisungen seine Equipe in Schach zu halten und mehr noch: dass der Arzt Langsdorff seine kranken Teammitglieder als Belastung empfindet.

Dass es geradezu unmöglich sei, in dem damaligen Brasilien zu reisen oder besser gesagt eine Expedition durchzuführen (14), das bezieht Langsdorff zunächst nur auf **Minas Gerais**, da kennt er die ungeheuren Strapazen seiner späteren Stationen in der Wildnis von Mato Grosso, Diamantino und am Amazonas noch nicht. Das liegt nicht nur an den überwiegend schlechten Wegen in Minas Gerais, sondern auch daran, dass die Maultiere häufig ausreißen und mühsam über Stunden wieder eingefangen werden müssen:
Sechs unserer Tiere fehlten mal wieder heute morgen (15).

Ein ganz wichtiger Grund sind aber auch die Zecken und Flöhe, die das Reisen selbst in Minas Gerais zur Tortur machen:
Seit unserem Aufbruch von der Fazenda Mandioca hatten wir noch nicht so viele Zecken zu ertragen wie in den letzten Tagen, in denen wir wieder in den Urwald eingedrungen waren: Am Nachmittag waren wir total von ihnen bedeckt und sie folterten uns die ganze Nacht (16). ...
Überall wimmelt es vor Flöhen, selbst in den vornehmsten Häusern (17).
Von Giftschlangen bleibt die Expedition dagegen in Minas Gerais weitgehend verschont, da es dort nur wenige wie zum Beispiel die „Surucucu" gibt (18). Auch die nützlichen Ameisenbären tauchen nur selten auf und werden trotzdem von den Bewohnern einfach so zum Zeitvertreib abgeschossen:
Mein Begleiter schrie: „Mein Herr, sehen Sie doch, da ist er". Ich blickte nach links ... und sah ein großes langes schwarzes Tier, das feierlich und mit vielen Pausen nach vorne schritt. Auf die Entfernung konnte ich nur ein großes Tier erkennen, etwas kleiner, aber länger als ein Rind (19).
Nach Langsdorffs Meinung sollte die Regierung den Ameisenbären unter Schutz stellen, weil er Ameisen frisst und damit dezimiert.

Selbst für alles Geld der Welt können wir hier überhaupt keine Grundnahrungsmittel kaufen (20).
Der Grund für diesen überraschten Seufzer des Barons ist die große Mittellosigkeit im Land:
Die Armut ist überall sehr groß. Der Reisende wird immer getäuscht, man kann nichts mit Geld kaufen (21).

59

Und die vielen Bettler, auf die Langsdorff stößt, scheinen sein Mitleid kaum zu wecken:

Mehrere Bettler beiderlei Geschlechts baten uns um Almosen, sie waren hier (Estalagem do Rosário) zahlreicher als an anderen Orten. Waren der Grund größere Armut oder fehlende Polizeiaufsicht? Viele Blinde oder Einäugige waren darunter. Das fällt den Ausländern oder Reisenden mehr auf als den Einwohnern, weil sie mehr angesprochen werden. Die Bettler kamen selbst nachts, zwischen sieben und acht Uhr, aus meiner Sicht aus Langeweile (22).

Im Gegenteil, er glaubt, sie treiben sich eher aus Überdruss herum, wie er überhaupt die Bevölkerung für *inaktiv,* bequem und arbeitsscheu hält (23):

Die Nachlässigkeit und Faulheit der Menschen übersteigen jede Vorstellung (24).

Dagegen setzt er sich für die Straßenkinder ein, auf die er überall in Minas trifft:

Man darf nicht aufhören über die Straßenkinder zu sprechen, die man vor den Haustüren in Minas findet, weil es keine Waisenhäuser gibt. Sie sind hübsch und liebenswert (25).

Das Schicksal der Negersklaven berührt ihn dagegen wenig. Er verkauft zum Beispiel in Minas einen seiner Neger, der krank geworden ist, weil das billiger ist, als ihn krank mitzunehmen (26). Was der Sklave dabei empfindet, wird ausgeblendet. Drei Monate später gibt er einen Sklaven weg, um sein Budget aufzustocken:

Ich ließ hier einen meiner Neger-Sklaven zurück, den ich für 300.000 verkaufte, halb in Gold und halb in Silber, um meine Finanzen aufzubessern (27).

Dass aufmüpfige Sklaven einfach verkauft werden, um die Ordnung zu garantieren, scheint er zu billigen:

Die Neger, Kreolen in der Regel, die Sklaven aller Hautfarben (Mulatten, Mischlinge und andere) werden hier verkauft, wenn sie sich schlecht benehmen. Es herrscht daher Ruhe auf dieser Fazenda ... (28).

In seinen „Bemerkungen über Brasilien" für deutsche Auswanderer geht er noch viel weiter. Hier tritt er dafür ein, dass es viel besser ist,

*aus einem rohen Neger einen civilisierten Christen zu bilden und ihn
zu einem brauchbaren Bürger zu machen, als diese Menschen in ihrem Irrthum, Unglauben und ihrer Rohheit in Afrika zu lassen* (29).
Ja mehr noch, er rechnet akribisch vor, was Kauf und tägliche Nahrung eines „Negers" kosten, hier kommt er auf den Gegenwert von
zwei bis drei Eiern, während der Europäer mindestens das Doppelte
für seine Verpflegung zu rechnen habe. Kurz, der Sklave amortisiere
sich nach rund zwei Jahren, und man besitze ihn dann sein ganzes Leben (30).

Da überrascht es auch nicht, dass er Liebesbeziehungen zwischen
Weißen und Schwarzen ablehnt:
*Besonders merkwürdig ist, dass man hier in Jacuara unter den Kin-
dern viele Mulatten sieht. Ein unbestreitbarer Beweis der Beziehun-
gen zwischen Weißen und Negerinnen, eine unnatürliche Sache* (31).
Oder dass er Kinderarbeit bei Sklaven kritiklos hinnimmt:
*Die jungen Sklaven-Mädchen arbeiten am Spinnrad, die Frauen in der
Weberei oder verrichten andere Aufgaben, die Frauen vorbehalten
sind* (32).

Sein Verhältnis zu den schwarzen Sklaven scheint so gleichgültig oder
gestört zu sein, dass er sogar unglaubwürdige negative Legenden über
sie verbreitet:
*Die Neger besitzen einen so harten Schädel, dass sie ihn zur Verteidi-
gung benutzen. Im Streit rammen sie ihren Schädel mit soviel Kraft in
die Brust oder den Magen ihres Gegners, dass sie diesen häufig töten.
Ich habe schon Neger gesehen, die mit ihrem Schädel eine Tür öffnen
oder einschlagen. Sollte das die Konsequenz ihrer Gewohnheit sein,
die schwersten Sachen auf dem Kopf zu transportieren* (33)*?*

Rund zwanzig Jahre vorher mit noch nicht ganz dreißig Jahren, bei
seiner ersten Berührung mit Brasilien, da hatte Langsdorff noch ein
ganz anderes Verhältnis zu den Sklaven:
*Es wurde eine ganz eigene neue und empörende Empfindung in mir
rege, als ich zum erstenmal ... eine Menge dieser elenden hilflosen
menschlichen Geschöpfe, nackt und entblößt in den Kreuzstraßen vor
den Thüren liegend und zum Verkauf angeboten erblickte. ... Mit diesen Menschen wird ebenso wie mit Waren gewuchert. ... Bei diesem*

61

Handel muss sich *das feine Gefühl eines gebildeten Europäers empö-
ren...*(34).

Auch die Klassenunterschiede, die zwischen den portugiesischen Kolonialherren und den einfachen Brasilianern gemacht werden, kommentiert er in seinem Expeditions-Tagebuch nicht, sie scheinen ihn
nicht zu berühren:
*Aristokraten, Gutsbesitzer, Beamte und Offiziere aus Portugal halten
sich den Brasilianern gegenüber, die erst vor kurzem aus einfachen
Familien angekommen sind, für so überlegen, dass die Heirat mit diesen Familien als Beleidigung des portugiesischen Blutes gilt. Diese
Heiraten werden niemals erlaubt und wenn sie trotzdem geschlossen
werden, schaffen sie familiäre Streitigkeiten* (35).

*Vor zwölf oder vierzehn Jahren war die ganze Gegend noch von Indi-
anern bewohnt. Damals gab es hier nur dichten Wald. Heute ist die
ganze Region fruchtbar* (36).
Wo die Indianer in Minas Gerais geblieben sind und wie sie mit ihrer
Vertreibung fertig geworden sind, das scheint nicht zu interessieren.
Im Gegenteil: Langsdorff erwähnt kommentarlos ihre Ausrottung
durch die Portugiesen und ihre Alkoholabhängigkeit, die ihn von Kontakten zu ihnen abhält:
*Seit gestern hatten wir Gelegenheit, einige Coroado-Indianer zur tref-
fen. Einige sind häufig in der Fazenda des Capitao-Mor beschäftigt.
Sie sind der Trinkerei verfallen und werden immer stärker von den
Portugiesen eingekesselt und sogar ausgerottet. ... Riedel machte einige Sprachtests mit einem Coroado-Indianer. Ich ergriff diese Gelegenheit nicht, weil der Indianer stark betrunken war* (37).
Für ihn sind alle Coropo- und Coroado-Indianer in Minas Gerais *Räuber* (38), die mit Giftpfeilen operieren:
*Man versicherte mir, dass die Indianer ihre Pfeile vergiften. Indem sie
sie mit dem Menstruationsblut der Frauen beschmieren und sie über
das Feuer halten. Man sagt, das sei ein Geheimnis der Indianer* (39).
Wieder eine Legende, die Langsdorff nicht hinterfragt. Vielleicht,
weil er in Minas die Indianerpfeile noch nicht fürchten muss ?

Dass Kaiser Don Pedro I den Indianern im Februar 1826 mit einem
entsprechenden Erlass erlaubt, sich frei in Brasilien zu bewegen, das

kann Langsdorff bei seinem Indianerbild und bei dem damals noch vor ihm liegenden schwierigsten Abschnitt der Expedition von Porto Feliz zum Amazonas natürlich nicht gefallen:

Seitdem der Kaiser – sicher in bester Absicht – jedem die Erlaubnis gegeben hat, sich frei im Land zu bewegen, verbreiten sich die Indianer in allen Regionen (40).

Die Zerstörungen der Landschaft in Minas Gerais durch die Goldsuche registriert Langsdorff und bedauert sie stark:

Es ist schwierig, sich eine Idee von den absurden Zerstörungen zu machen, die bei der Goldsuche entstehen (41).
Begrüßt aber die spätere Nutzung der verwüsteten Landschaft durch Kaffeeplantagen, die sich in der Nähe von Ouro Preto finden und *die meistens auf ehemaligen Goldfundstellen angelegt sind und gar nicht selten witzige Kontraste bilden* (42).

Zu Ouro Preto: Langsdorff beschreibt die kaiserliche Hauptstadt von Minas mit ihren Gerichtshöfen und drei Regimentern, kritisiert aber die vielen Brandrodungen in der Nähe dieser Stadt.
Die ganze Region, die wir heute durchquerten, war soweit unser Auge reichte, von Brandrodungen verwüstet (43).

Ein Lichtblick ist die große Gastfreundschaft in Brasilien. Der Baron fragt sich, was wohl ein deutscher Landedelmann sagen würde, wenn zwölf Personen bei ihm einfallen und um Aufnahme in sein Haus bitten würden. Er kennt die negative Antwort. In Brasilien dagegen sei die freundliche Bewirtung eine Selbstverständlichkeit:
Das ist eben die großartige brasilianische Gastfreundschaft (44).
Und trotzdem wird es ausgerechnet in Brasilien beim Kaffee schwierig:
Im Kaffee-Land Brasilien bekommt man nur selten einen guten Kaffe (45),
seufzt Langsdorff, aber dafür haben es die Mahlzeiten in Minas in sich:
Normalerweise besteht eine Mahlzeit aus: Brei aus Mandioca-Mehl und Fleischbrühe, Trockenfleisch mit Kohl, gebratenem Schweinefleisch mit Salat, der mehr mit Zucker als Essig angemacht wird,(in der ganzen Region fehlt ein guter Essig) sowie Reis und Marmelade

(46). Gar nicht so selten gibt es dazu auch Wein und in dem Zucker-rohr-Land natürlich auch ausgezeichneten Schnaps.

Große gesundheitliche Probleme hat die Expedition in Minas Gerais nicht, die tauchen erst bei den späteren Etappen auf. Langsdorffs Zahnschmerzen aus Rio wiederholen sich in Minas glücklicherweise nicht:

Seit meiner Ankunft in Minas Gerais hatte ich noch keine Zahn-schmerzen. In Rio de Janeiro dagegen hatte ich praktisch an allen Tagen Zahnweh (47).

Während der **Expedition durch die Provinz Sao Paulo** zwischen August 1825 und Ende April 1826 beklagt sich Langsdorff bitter über die Unordnung und Rechtsunsicherheit im Land sowie über die besonders in den Städten lauernden Gefahren:

Brasilien ist heute unglücklicherweise ein Land, in dem weder die Eigentumsrechte respektiert noch Gerechtigkeit geübt wird. Die Verwaltung ist chaotisch und selbst wenn der Kaiser von aktiven Beamten umgeben wäre, was aber nicht der Fall ist, wäre das nicht ausreichend, um Lösungen für die Unordnung zu finden. ...
Ich fürchte nicht die Gefahr dieser schwierigen Reise oder die Bedrohung durch wilde Indianerstämme. Aber was ich fürchte, sind die Gefahren, die uns in den Städten drohen. Es geschehen hier viele grausame Morde und Diebstähle und es waltet die Ungerechtigkeit der Reichen. Hier herrscht eine absurde Moral, selbst unter den Padres. Ich will erst gar nicht über das zügellose Leben der Freigeister sprechen, über die Prostitution, die Leichtfertigkeiten der Frauen und Mädchen, den Kindermord, die Vergiftungsverbrechen oder über die amoralischen Familien. Darüber will ich keine Kommentare machen, denn dann riskierte ich mein Leben (48).

Logisch, dass er bei diesen Schwierigkeiten entsprechende Reisetipps notiert, besonders für die Quartiere und die Geldbeschaffung. Dabei schreckt er auch nicht vor der Diffamierung von Juden zurück, denen man nach seinen Empfehlungen nicht trauen kann:
Zwei Tipps für wohlhabende Reisende: Machen Sie niemals Rast in Bars oder Kneipen, sondern immer in den ersten Gasthäusern, die sie antreffen. Und vertrauen Sie sich niemals kleinen Wechselstuben an oder kleinen Händlern, Juden und ähnlichen. Vertrauen Sie auf offizielle und anerkannte Banken (49).

Trotz der skizzierten Probleme hält er an seinem großen und ehrgeizigen Expeditionsziel fest: herausragend, das muss sein Projekt werden, vergleichbar mit dem berühmten Alexander von Humboldt:
Als ich Rio verließ, wollte ich in meinen letzten Lebensjahren eine Reise machen, die vergleichbar mit den größeren Reisen des großen Alexander ist (50).

Dass er zunächst über Mato Grosso nach Peru reisen will, aber wegen der beginnenden Regenzeit seine Pläne ändern muss und zunächst nur in das weitgehend unbekannte Gebiet um Curitiba und in die Provinz Sao Paulo reisen kann, das schmälert sein Vorhaben nicht: Mato Grosso und der Amazonas sollen sich ja nahtlos anschließen. Und dazu passt auch, dass er hohe Ansprüche an sein Tagebuch stellt: *Wenn ich doch nur Schriftsteller wäre, dann könnte ich plastischer unsere Fieberanfälle, die Natur und vieles andere beschreiben* (51).

Er schätzt Santos auf 5000 bis 6000 Einwohner, eine Hafenstadt, die für große Schiffe geeignet ist und die starken Handel mit Sao Paulo, Goias und Mato Grosso führt, ohne von den Zollbehörden schikaniert zu werden (52). Und trotzdem ist sein Eindruck eher negativ: *Mein Eindruck von Santos: ungesund, feucht, zu wenig Trinkwasser. Man trinkt Wein und Schnaps* (53).
Man reibt sich die Augen: Gut ein halbes Jahr später scheint er seine Meinung geändert zu haben:
Morgens erblickten wir die Stadt Santos. Santos ist ein kleines Städtchen, am Fuß des Gebirges, eine Lage, die der Stadt einen malerischen Aspekt verleiht (54).

Eine Ungenauigkeit oder Wankelmütigkeit, die auch bei der Beschreibung Sao Paulos auffällt:
Sao Paulo ist die schönste Stadt, die ich bisher in Brasilien gesehen habe. Die Hausarchitektur ist geschmackvoller als in Rio. ... Einige Straßen sind gepflastert, andere nicht. ... Der gegenwärtige Präsident trug stark zum Wohlergehen der Bevölkerung bei. Er ließ eine öffentliche Bibliothek, ein Hospital, eine Mädchenschule, ein Waisenhaus ... und beispielsweise die Straße Cubatao-Santos bauen (55).
Wenig später rangiert für ihn Sao Paulo allerdings nur noch an zweiter Stelle, nach Rio de Janeiro:
Sao Paulo ist die schönste Stadt, nach Rio de Janeiro (56).
Vielleicht, weil ihm Sao Paulo zu klein und dünn besiedelt vorkommt?
Wer hätte geglaubt, dass Sao Paulo so verlassen und tot ist (57)?
Ein Eindruck, den er bereits bei seiner Ankunft in dieser Stadt im September 1825 hatte:

Wir kommen bereits kurz nach 14.30 in Sao Paulo an. Von unserer Seite sieht man nicht die ganze Stadt, nur einige Häuser. Die Straßen waren ganz leer, alles erschien wie tot. Wir erkannten, dass wir noch in den Außenbezirken waren. Auf einem der Hauptplätze tauchten dann einige Personen auf. Der Sklave führte uns zum Zentrum, zu unserem Haus. Wir sahen immer noch keine Menschenseele (58).

Eine Charakterisierung, die natürlich besonders an Festtagen nicht zutrifft:

Am 12. Oktober wurde die Kaiserkrönung mit einer Zeremonie begangen, die „Handkuss" genannt wird. Alle Häuser mussten drei Tage beleuchtet werden. ... Nach dem Morgengrauen wurden Kanonenschüsse abgegeben. Zwischen 10.00 und 11.00 war die ganze Truppe auf dem Platz versammelt. Und in der Kirche wurde in Gegenwart des Präsidenten und des Magistrats ein Te Deum gehalten (59).

Langsdorff erwähnt auch einen wunderlichen Aberglauben der Paulistaner, die davon überzeugt seien, dass der Verzehr des Fleisches eines Singvogels die Kinder schneller sprechen lernen lasse. Allerdings ohne dazu Stellung zu nehmen:

Wenn der Picus campestris bemerkt, dass sich eine Person nähert, zetert er lange und laut. Die hiesigen Einwohner lassen ihre Kinder das Fleisch dieser Vögel essen, denn bald darauf beginnen sie zu sprechen. Sie glauben also, dass die Kinder so früher sprechen lernen (60).

Langsdorffs Verhältnis zu den Sklaven ändert sich während seiner Zeit in der Provinz Sao Paulo nicht wirklich, im Gegenteil: Er hält weiter auf Abstand und will zunächst eine Schiffsreise von Rio nach Santos nicht machen, weil fünfundsechzig Sklaven mit an Bord sind. Das scheint ihm doch zu eng, um so mehr erleichtert ihn dann die Klassentrennung an Bord:

Sie blieben alle im Vorderteil des Schiffes und es gab auch nicht das kleinste Anzeichen von Unordnung. ... Die Neger erhielten täglich zwei Mahlzeiten: Bohnen, Mandioca-Mehl und Trockenfleisch. Den Passagieren wurden reichliche und raffinierte Mahlzeiten angeboten. Das Frühstück bestand aus Trockenfleisch, Beefsteaks, Brot, Schinken und Schnaps. Alle konnten soviel essen wie sie wollten und noch dazu wann immer sie wollten. Zum Mittagessen wurden eine substanzhaltige Suppe, gekochtes und gebratenes Rindfleisch mit Kartoffeln, Reis,

Schinken und Weißkohl angeboten. Abends konnte soviel gegessen und getrunken werden wie man wollte. Anstelle von Tee wurde Reissuppe serviert (61).

Bei seiner zweiten Schiffsreise zwischen Santos und Rio rund ein Dreivierteljahr später reisen siebzig Neger mit, von denen zweiundsechzig gerade aus Afrika angekommen bzw. besser gesagt entführt worden sind. Kein Grund für Fragen oder Zweifel. Im Gegenteil: Er „seziert' die Neuankömmlinge wie seine Pflanzen oder Tiere mit wissenschaftlichem Blick, kann doch schließlich etwas Neues studiert werden:

Das ist für einen Europäer interessant, weil an Bord gerade aus Afrika angekommene Neger sind. Eine gute Gelegenheit, um Beobachtungen über etwas vollkommen Unbekanntes zu machen. Die Mehrzahl kommt aus einer Nation, die Mocambique genannt wird, praktisch alle haben Tätowierungen im Gesicht, an den Rippen, auf der Brust, auf den Armen und an den Waden. ... Insgesamt macht die Gruppe einen wilden und kriegerischen Eindruck. Die Männer sind sehr robust und stark (62).

Kein Wunder, dass er bei dieser Einstellung auch die Legende kommentarlos wiederholt, *dass die Jaguare viel lieber Neger als Weiße fressen* (63) und dass er meint, dass der afrikanische *Erdteil wirklich stark hinter Europa herhinkt* (64).

Sein Bild vom eher arbeitsscheuen Brasilianer aus Minas Gerais bestätigt sich auch hier.

Die Nachlässigkeit der Brasilianer ist nicht nur auf das Klima zurückzuführen, sondern auch auf die reichhaltige Nahrung und auf ihre Trinkfreude (65).

Während seines Aufenthalts in der Provinz Sao Paulo fällt ihm besonders die katastrophale medizinische Versorgung der Menschen auf. Nur zu verständlich, dass die Kranken ihn belagern, sobald sich rumgesprochen hat, dass er Arzt ist:

Bis heute hat die Regierung noch nichts für die medizinische Versorgung ihrer Bevölkerung getan. ... Ich kann sagen, dass uns daher täglich Kranke aller Arten bestürmten. Das gefiel uns ganz und gar nicht, da es uns von unserer eigentlichen Arbeit ablenkte. Aber unser christ-

68

liches Gewissen ließ nicht zu, uns dieser Verpflichtung, das Gute zu tun und Nächstenliebe walten zu lassen, zu entziehen (66).

Eine Haltung, die er im weiteren Verlauf der Expedition nicht immer durchhält, denn er braucht viel Zeit für die Realisierung der Ziele seiner Forschungsreise.

Langsdorff bleibt sich treu: auch bei **dem Start in die unzivilisierte Welt** in Richtung Cuiabá, Diamantino, Santarem und Amazonas im Juni 1826 steckt er sich wieder höchste Ziele: schließlich verpflichtet ihn der Vergleich mit dem großen Alexander von Humboldt:

Wir werden einen Weg wählen, der noch nie benutzt worden ist. Es ist so, als ob wir vor einem schwarzen Schleier ständen: wir werden die zivilisierte Welt verlassen und mitten unter Indianern, Tigern, Jaguaren, Tapiren, Affen und anderen Tieren leben. ... Unfreiwillig kam mir nach so langen Reisevorbereitungen die Idee, dass das vielleicht das Henkersmahl eines Verurteilten ist (die letzte Essens-Einladung vor dem Aufbruch in Porto Feliz). *Nach der Lektüre der Geschichte der ersten Entdecker, der „Paulistas", ... und anderer, war uns die Gefahr, die vor uns lag, ganz klar.*

Es kam die Stunde des Aufbruchs. ... Die ganze Stadt war am Hafen versammelt. ... Eine Frau schrie:"Da geht er, aber er hätte mir doch ein Häuschen zurücklassen können."... Der Pater segnete uns und versprengte Weihwasser über die Schiffe. Es herrschte festliche, aber gleichzeitig ernste Stimmung. Einige Frauen wollten ihre Männer in den Booten begleiten, was wegen der Gewichtsprobleme ausgeschlossen war (67).

Ob die Abfahrt tatsächlich so ruhig und feierlich verlaufen ist? Dem widerspricht auf jeden Fall ein anderer Bericht, der von manchen Forschern allerdings wegen fehlender Quellenangabe angezweifelt wird:

Bei der Abfahrt ereignete sich noch ein weiterer unliebsamer Zwischenfall, zu dem der Expeditionsführer den Anlass gegeben hat. Als der Ortsgeistliche im Ornat erschien, um die Flotte einzusegnen, zeigte sich Langsdorff mit einer leichtfertigen deutschen Frauensperson und nahm mit ihr im ersten Schiffe unter der wehenden russischen Flagge Platz. In diesem tadelnswerten Verhalten trat eine Hemmungslosigkeit sittlicher Auffassung beim Expeditionschef zu Tage, die allgemeines Missfallen erregt hat und die erste Veranlassung zu einer immer größer werdenden Spaltung unter den Expeditionsteilnehmern geworden ist (68).

Florence dagegen scheint den Bericht in seinem Tagebuch mehr oder weniger zu bestätigen:

Im ersten Kanu fuhr der Konsul zusammen mit einem jungen deutschen Girl, das er kürzlich aus Rio mitgebracht hatte (69).

Wie auch immer: Langsdorff wählt einen äußerst schwierigen und gefährlichen Weg. Und das, obwohl sich bereits Riesenprobleme auf den zurückliegenden Stationen in Minas Gerais und in der Paulistaner Provinz angekündigt hatten. Nicht nur mit seiner Crew. Wird er daher die großen Herausforderungen in der Wildnis meistern können? Er, der sogar grundsätzlich Reisen kritisch gegenüber eingestellt ist, sich zu ihnen nie gedrängt hat und vor denen er seine Leser sogar warnt:

Auch wenn es merkwürdig erscheint, muss ich zugeben, dass mein Ehrgeiz niemals war, Reisen zu machen. Es ist daher notwendig, meine Leser vor Schwierigkeiten und Unannehmlichkeiten von Reisen zu warnen. Der Kommandant empfing uns wie schon bemerkt gastfreundlich in Camapuá. Aber vom dritten oder vierten Tag an erhielten wir zum Mittag- und Abendessen lediglich Gräser, die hier wild wachsen, Bohnen und Reis. Auf Grund dieser rein pflanzlichen Nahrung wurden wir stark von Blähungen gequält (70).

Dieser in die Wildnis führende Expeditionsteil wird für alle extrem hart, darüber macht sich Langsdorff keinen Augenblick Illusionen, im Gegenteil, er notiert am 1.Januar 1827 in seinem Tagebuch:

Ein schwieriges Jahr ist beendet und an diesem 1.1.1827 beginnt ein Jahr, das ebenfalls schwierig zu werden verspricht (71).

Diese äußerst großen Probleme überdecken sicher teilweise die faszinierenden Seiten, wie zum Beispiel die packenden Naturgeräusche und Tierstimmen, die Florence zu seinem brasilianischen Soundscape, zu seiner „Zoophonia", zu seiner Notierung der Tierstimmen mit einer Notenschrift, animieren.
Langsdorff versucht die Tierstimmen in seinem Tagebuch sprachlich zu beschreiben:

Schreie, Blöken, Gebrüll, Knälle, Stöhnen, Quaken, Pfeifen, Zischen, Gesänge, Gesumme erfüllten die Luft. Aber den vollkommensten Klang hatte der dumpfe und tiefe Ruf des Mutun-Vogels, der melancholisch von oben klang „mu-tum-tum", so als ob man ein Horn anbläst (72).
Wie bezaubernd, ja verhexend die Tierstimmen des Urwaldes klingen, das zeigen unsere Vertonung der Florenceschen „Zoophonie" und der Vergleich mit dem „Soundscape Brasilien 1995" des Komponisten

Michael Fahres, der uns bei dem Remake 1995 auf den Spuren Langs-dorffs begleitet.

Der Baron verlässt Porto Feliz am 22.6.1826 auf dem Fluss Tieté, der in Richtung Nord-Westen fließt, in den Rio Parana mündet und dessen Name „Tieté" der „wahre" Fluss bedeutet. Diesem folgt er in süd-westlicher Richtung bis zur Mündung des Rio Pardo. Auf dem Pardo-Fluss gelangt er dann in westnördlicher Richtung bis Camapuá, das er am 9. Oktober 1826 erreicht. Von dort geht es wieder in westlicher Richtung über den Rio Taquari bis zu dem Strom Paraguay. Diesem folgt die Expedition in nördlicher Richtung und gelangt dann über den Rio Lorenzo und Rio Cuiabá am 30.1.1827 in die Stadt Cuiabá. Von hier geht die Reise erst am 5. Dezember 1827 weiter in nördlicher Richtung nach Diamantino. Am 3. April 1828 fahren Langsdorffs Schiffe über den Rio Preto in den Rio Arinos ein, der sie weiter in den Norden und über den Rio Tapajoz am 1. Juli 1828 nach Santarem am Amazonas bringt. Von Santarem geht es dann amazonasabwärts in Richtung Belem am Atlantik und von dort zurück nach Rio de Janeiro, wo Langsdorff am 13. März 1829 in geistiger Umnachtung ankommt.

Langsdorffs Flotte umfasst acht Boote mit rund fünfunddreißig Perso-nen (73). Offene schmale Einbäume, davon vier kleinere Lastkähne und zwei sehr kleine Jagdboote. Die beiden größeren Schiffe, die „Jimbo" und „Beroba", sind auch offen und eng, ihre „Kajüten" erin-nern eher an Hundehütten. Nach den Zeichnungen von Hercule Flo-rence zu urteilen, die er von dem Start der Expedition in Porto Feliz im Juni 1826 und von ihren beiden Lagern am Ufer des Rio Pardo an-gefertigt hat, sind die Schiffskabinen schätzungsweise zweieinhalb Meter lang, eineinhalb Meter breit, rund einen Meter hoch und verfü-gen über ein festes Dach. Die Seiten können mit Vorhängen geschlos-sen werden. Nach den Zeichnungen dürften die „Jimbo" und „Beroba" ungefähr zehn Meter lang gewesen sein.
Wir sind die Unbequemlichkeiten und das Leben in den Schiffskajüten satt (74). Wie gut kann man diesen Seufzer Langsdorffs aus seinem Tagebuch verstehen!

Und diese unkomfortablen und schweren Boote müssen bei den vielen Wasserfällen, zahlreichen Stromschnellen und häufigen niedrigen

Wasserständen ständig auf dem Landweg um die gefährlichen Stellen herumtransportiert werden:

Nebenbei sei gesagt, dass diese Flussfahrt schon sehr merkwürdig ist: Häufig müssen wir die Hälfte der Lasten abladen, weil der Fluss sehr flach ist oder weil der Fluss so aufgewühlt ist, dass die schaumgekrönten Wellen nur so gegen das schwer beladene Schiff prallen (75). Und weiter:

Bei dieser schwierigen Arbeit ist es üblich, der Besatzung ein Glas Schnaps zu spendieren, der ihre Kraft und ihren Mut erhöht (76).

Häufig behindern auch zahllose im Fluss treibende Baumstämme und Zweige die Weiterfahrt und zwingen die Besatzungen, sich mit Sensen, Hämmern und Beilen eine Fahrrinne zu schlagen. Eine gefährliche Situation, denn gar nicht so selten *reißt ein Stamm zwei Personen gleichzeitig aus dem Kanu* (77).

Dass viele Kisten dabei feucht werden und das Schießpulver und die Pistolen wieder getrocknet werden müssen, versteht sich von selbst, ebenso wie die Schwierigkeit, geeignete Plätze zum Trocknen an den Flussufern zu finden:

Jeden Tag haben wir hier bei diesen feuchten und niedrigen Ufern Schwierigkeiten, geeignete Stellen für die astronomische Beobachtung, für das Trocknen der Pflanzen und für unser Lager zu finden (78).

Dazu kommen die furchtbaren Tierattacken, allen voran die Moskitos:

Millionen Moskitos begleiten unsere Boote ..., die mich beim Schreiben foltern, ich schaffe kaum, meine Sätze zu formulieren (79).

Und einen Tag später notiert der Baron:

Gestern lernten wir das Königreich der Moskitos kennen, zu unserem Unglück. Die Folter, die Qual, die Unannehmlichkeiten, die sie verursachen, darüber will ich nicht sprechen, das sollen andere tun (80).

Aber die Plage wird so unerträglich, dass er sie doch weiter beschreiben muss:

Wolken von Moskitos umschwirrten uns. Sie sind wirklich eine Qual, nicht im übertragenen Wortsinn, sondern ganz konkret. Es war unmöglich zu arbeiten oder zu schreiben. ... Da sie mich nicht durch mein Jackett stechen können, greifen sie von unten über die Beine an und kriechen in den Kragen. Sie machen unser Leben zum Inferno (81).

Wer niemals eine ähnliche Reise gemacht hat, kann sich die Qual und Marter nicht vorstellen, die diese furchtbaren Moskitos verursachen. ... Ich hörte viele meiner Mitarbeiter schreiend fragen: Guter Gott, wozu schuf der Herr diese Insekten, wenn sie doch nur Leid und Schmerz beim Menschen verursachen (82).

Selbst der alte ortskundige Wegkenner, der die Expedition begleitet, hat auf seinen vielen Reisen noch nie soviel Moskitos gesehen:*„Ja"*, *fügte er hinzu, „Wenn man bei jeder Reise diese Tortur ertragen müsste, wäre es unmöglich, diese Schiffsfahrt zu machen, denn kein Sterblicher erträgt diese Folter für längere Zeit* (83).

Bleiben die Moskitos mal weg, dann stürzen sich die „Carapatos", die Zecken, auf die Expeditionsteilnehmer und konzentrieren sich dabei auf die Geschlechtsteile:

Die Zecken (carapatos) verfügen bestimmt über einen außerordentlichen Geruchssinn. (ich kann mich nicht anders ausdrücken). Kaum fällt ein Blatt, schon sind die Hosenbeine mit ihnen besät. Dann kriechen sie in Richtung Geschlechtsorgane. Selbst wenn sie nicht bis zu ihnen durchdringen können, versammeln sich Dutzende auf dem Hosenteil, der sie bedeckt, und nirgendwo anders. Wie funktionieren nur die Geruchsorgane dieser Insekten, die nur so groß sind wie der Kopf einer Stricknadel (84)*?* fragt sich Langsdorff entgeistert.

Welch ein groteskes Bild, das zum Lachen verführte, wenn es nicht so ernst wäre. Ob die Ursache wirklich der außerordentliche Geruchssinn der Zecken ist oder ob es an der mangelnden Hygiene der Expeditionsteilnehmer liegt?

Wie auch immer, Langsdorff hat auch beim Flussbaden Probleme mit seinen Genitalien: Ihn greifen Piranhas an, die nach seinen Beschreibungen auch ganze Fische von der Größe eines Schweins in Sekundenschnelle verschlingen können (85). Doch der Baron hat Glück im Unglück:

Obwohl ich stark blutete, stellte ich fest, dass ich noch ein ganzer Mann war: Ich hatte das kleine Fleischschwänzchen meines Körpers eben nicht verloren (86).

Bei William Luret klingt das noch viel dramatischer: Langsdorff sei wie ein Teufel schreiend aus den Fluten gestürzt, mit einem Piranha

zwischen den blutenden Beinen, der sich an seinen Genitalien festge-
bissen habe (87).
Bei seiner Schwäche für das weibliche Geschlecht wäre das ja auch
die nackte Katastrophe geworden.

Gefahren zu Wasser, aus der Luft und natürlich am Boden: Häufig fallen Tausende von Ameisen über das Expeditionslager am Flussufer
her und Langsdorffs Leute versinken dort im Sumpf:
Ameisen haben während der Nacht ein Hemd von mir gefressen (88),
hält der Baron wenig begeistert in seinem Tagebuch fest und fährt
fort:
*Am Ufer können wir keine zwanzig Schritte machen, ohne im Sumpf zu
versinken oder in Löcher zu fallen* (89).

Und dann der Wald: Nichts von dem romantischen deutschen Wald,
den wir Deutsche so lieben, dass uns das „Waldsterben" zu endlosen
Diskussionen hingerissen hat, und das Frankreich als Lehnwort „Le
Waldsterben" übernommen hat. Nein, der dunkle undurchdringliche
brasilianische Urwald wird als bedrohend empfunden:
*Die schreckliche Dunkelheit der einsamen und von jeder Zivilisation
abgeschnittenen Wälder, die Luft-Feuchtigkeit und die Kälte sowie die
Krankheiten (einige hatten Zahn-, Kopf- und andere Schmerzen) un-
tergrub die Moral von uns allen. ... Der Regen hörte den ganzen Tag
über nicht auf* (90).

Ja, und im Wald, da lauern die Indianer, für die die portugiesischen
Kolonialherren immer nur eins über hatten: Gewalt. Und die damalige
brasilianische Regierung schaut tatenlos zu:
*Die Indianer dieser Region gehören zu den Caiapos, ... die sich stän-
dig gegen die portugiesischen Eindringlinge stemmten. Die Portugiesen folgten treu dem Prinzip, das sie schon immer leitete: die einzige
Form, diese Indianer zu bezwingen, die, wenn man ehrlich ist, wehrlos
sind, ist die Gewalt. Die Regierung hat noch keine Initiative unter-
nommen, um diese so eingefleischten Praktiken zu unterbinden* (91).

Langsdorff scheint also sein Indianerbild aus Minas Gerais korrigiert
zu haben. Damals wehrte er sich noch nicht gegen ihre Ausrottung,
wohl aber gegen ihre freizügigen Bewegungsmöglichkeiten im Land.

Er hielt sie für dem Alkohol verfallene Diebe, die angeblich mit vergifteten Pfeilen operierten. Jetzt tritt er energisch für die Zivilisierung der Indianer ein und das heißt für ihre Assimilierung an den Lebensstil der weißen Brasilianer: eine Forderung, die lebhaft an unsere aktuelle Leitkulturdebatte von Bassam Tibi über den Zeit-Journalisten Theo Sommer bis zu dem CDU-Politiker Friedrich Merz erinnert:

Es wäre äußerst wichtig, dass sich die Regierung diesen Indianern (92) *in friedlicher Absicht näherte und diese allmählich zivilisierte und in nützliche Bürger verwandelte. So könnte ihre Rasse erhalten werden. Dabei müssten sie vom Militärdienst freigestellt und müssten sie in Land- und Viehwirtschaft unterrichtet werden* (93).

Eine Forderung, die die Bororos, Parecis, Cabixis, Mambarés in der Nähe von Vila da Chapada oder die Guanás-Indianer bei Corumbá am Rio Paraguay dank der Erziehungsarbeit ihres Bischofs bereits erfüllen:

Ich werde noch über diese Indios sprechen, über ihren Eifer und ihre Produktion, darüber wie sie sich aus Wilden in zivile Menschen verwandelt haben, Dank dem aktuellen Bischof (94).

Auch die Guatos-Indianer leben friedlich mit den Portugiesen zusammen und heiraten nur so viele Frauen wie sie ernähren können: die Häuptlinge drei bis vier, die Armen müssen sich nach Langsdorffs Beobachtungen dagegen mit einer Frau begnügen (95).

Die Expedition verbringt im April 1828 auch zehn Tage in dem Indianerdorf der Apiacás am Rio Arinos nördlich von Diamantino. Der Baron nimmt dort sogar Unterricht in der Indianer-Sprache. Besonders kurios ist ihre dortige Ankunft: Der Häuptling ist Hauptmann der brasilianischen Armee und empfängt formvollendet am Flussufer in seiner alten, allerdings zerrissenen Uniform und umgeben von den übrigen vollkommen nackten Indianerinnen und Indianern. Der Generalkonsul kontert entsprechend:

Ich befahl, die russische kaiserliche Flagge zu hissen, legte meine gesittete Uniform als Generalkonsul an, mit einem Dreizackhut und einem kleinen Säbel. Das beeindruckt die Menschen immer und wir begrüßten uns als Staatsvertreter (96).

Dass ihn eine der nackten Schönen staunend befingert, weil sie die Uniform für seine Haut hält und nach Bemerken ihres Irrtums die Uniformjacke sogar anziehen darf, das berichtet nur ein Artikel der

„Deutschen Zeitung" aus Sao Paulo, verschweigt aber Langsdorff in seinem Tagebuch: Der Grund: Die junge Indianerin ist über ihren neuen Look so berauscht, dass sie samt Jacke Reißaus nimmt und auf Nimmerwiedersehen im Urwald verschwindet:

Am 11. April trug sich bei einer Begegnung mit einem Indianerstamm ein Ereignis zu, das bei aller Komik den Beweis dafür lieferte, dass die geistige Verfassung des Expeditionschefs jeder Extravaganz zuneigte. Als Langsdorff unter den Indianern den Kaziken erblickte, der mit einer alten Uniform und einer Art Helm bekleidet war, verfiel er auf den Gedanken, seine russische Galauniform anzulegen, um auch seinerseits der Begegnung die erforderliche Feierlichkeit zu verleihen. Das goldbestickte Gewand, auf dem Orden und Ehrenzeichen blitzten, der dreispitzige, federgeschmückte Hut und der Diplomatendegen erregten selbstverständlich die höchste Bewunderung der Naturkinder. Eine der Indianerinnen wollte nun wissen, ob die glänzende Pracht angewachsene Haut oder ein Kleidungsstück sei. Als sie hierüber belehrt wurde, äußerte sie den Wunsch, das prächtige Kleid einmal anlegen zu dürfen. Der zaristische Vertreter konnte dem Verlangen der Schönen nicht widerstehen. Er entledigte sich seines Übergewandes und bekleidete die glückstrahlende Indianerin damit. Von ihren Stammesgenossen bewundert, stolzierte sie damit auf und ab, bis sie plötzlich in eiligstem Lauf, von den übrigen Indianern gefolgt, in den nahen Wald rennt. Aber auch der hemdsärmelige Generalkonsul läuft mit gezogenem Degen, schreiend und Verwünschungen ausstoßend, hinter den Flüchtlingen her, muss freilich vor dem dichten Urwald bald von der Verfolgung Abstand nehmen und auf sein Galagewand für immer verzichten (97).

Florence beschreibt das Treffen ebenso in seinem Tagebuch, erwähnt aber im Gegensatz zu dem Neffen von Adrian Taunay den pikanten Vorfall mit der jungen Indianerin nicht (98).

Wie dem auch sei, die Affäre passt in jedem Fall zu Langsdorffs Schwäche für hübsche Frauen, die auch seine ausführliche Beschreibung der Brüste der Indianerinnen unterstreicht:

Der Busen der Kinder und Mädchen ist nicht rund (kugelförmig), sondern kegelförmig, voll und spitz. Die Brustwarzen sind ziemlich groß. Im Gegensatz zu Negerinnen behalten sie diese Form auch im Alter.

Die Negerinnen bekommen Hängebusen wie leere Säcke. Das ist un-
schön und abstoßend (99).

Das ist die eine Seite der Medaille, die friedlichen und zivilisierten Indianer. Auf der anderen Seite lauern nach Langsdorff die angriffslüsternen und bösartigen Indios. Wieder einmal ist sein Urteil also ge-
spalten und widersprüchlich:
Alle Indianer sind qua Natur Verräter und Mörder ... Sie sind irratio-
nal und extrem nachlässig, sie verdienen verfolgt zu werden und ge-
recht bestraft zu werden (100).
Die Tapajós bei Vila da Chapada beispielsweise lehnen nach seinen
Beobachtungen alle Fremden ab und beschießen die Reisenden mit
Pfeilen, ganz nach dem von Langsdorff notierten Motto:
Dieser Fluss gehört uns, Ausländer haben hier nichts zu suchen (101).
Und in Camapuá fürchtet man jederzeit Indianerüberfälle und wappnet
sich entsprechend:
Teils aus Angewohnheit, teils aus Notwendigkeit tragen die Arbeiter
hier immer Waffen und das sogar in der Kirche ..., um sich gegen In-
dianerangriffe zu schützen (102).

Gar nicht erstaunlich, dass Langsdorff sich bei diesen Belastungen gegen zuviel Grübelei und Philosophiererei schützen muss:
Ich werde hier keine philosophischen Überlegungen über unsere Ge-
fühle anstellen, die sich bei jedem von uns in dieser einsamen und un-
zivilisierten Gegend einstellen, wenn wir auf zivilisierte Menschen
stoßen, die unsere Neuigkeiten zu den Unseren weiterleiten (103). Gemeint sind die wenigen Abenteurer, die auf Gegenkurs in Richtung
Zivilisation sind.

Zu den skizzierten Gefahren und Unbequemlichkeiten der Expedition
trägt ganz entschieden der Zustand der Niederlassungen von Siedlern,
der Orte und des ganzen Landes bei: Daran besteht kein Zweifel,
wenn man als Beispiel Camapuá, Cuiabá, Diamantino und Rio Preto
herausgreift.

Die Administration von Camapuá zwischen dem Rio Pardo und Ta-
quary hält Langsdorff für ganz miserabel:

Ich habe schon viele Verwaltungen in Brasilien gesehen, aber ich ge-
stehe, dass die von Camapuá die schlechteste und unerklärlichste ist
(104).

Die Folgen: Fehlende Bildung, Hygiene und medizinische Versorgung:

In Camapuá kümmert man sich weder um Körperpflege noch um die
Seele. Es gibt keine Brech- und keine Abführmittel, auch keine Schule
für die mehr als sechzig Kinder, die also überhaupt keinen Unterricht
haben, der sie zu nützlichen Bürgern des Staates machen würde. Man
garantierte mir, das von den dreihundert Menschen, die hier leben,
nur drei lesen und schreiben können (105).

Die Bewohner stehen ihrer Misere eher apathisch gegenüber und er-
greifen wenige Initiativen. Und wenn, dann schließen sie in ihrem A-
berglauben Rinder, die vorher Felder verwüstet haben, drei Tage ohne
Essen und Trinken in einem Hof ein (106). Als ob man Rinder bestrafen könnte! Konsequenz ist ihre Mangelernährung und schlechte Be-
kleidung:

Die Leute hier sind gleichgültig, wenig an Arbeit gewöhnt und genüg-
sam. Sie wissen nicht, was Wohlstand ist, Reichtum, Bequemlichkeit
oder Kleidung, alles das ist für sie überflüssig.

Zweifellos leben die Menschen hier schlecht oder besser gesagt: sie
sind schlecht ernährt.

Die Kleidung der Bewohner von Camapuá ist sehr einfach. Die Män-
ner tragen Hemd, kurze Hosen und Stoff-Weste. Die Frauen Bluse und
Rock und - wenn sie ausgehen - ein Kopftuch. Die erwachsenen Mäd-
chen tragen lediglich eine lange Stoffbluse aus grober Baumwolle, die
bis zum Hals reicht. Kleinkinder laufen nackt herum, sogar die acht-
oder neunjährigen (107).

Das alles erstaunt bei dem ungebildeten Kommandanten nicht:

Der aktuelle Kommandant und Verwalter ist ein guter Mensch, aber
ein armer Idiot. Er verbrachte hier den Großteil seines Lebens ..., a-
ber er hat nichts gelernt und entwickelt keine Ideen. Er kennt keine
Bücher und hat überhaupt keine Vorstellung von Wissenschaft (108).

Dazu passt die unmoralische Verhaltensweise, die Langsdorff den
Bewohnern von Camapuá bescheinigt. Sie versuchen nicht nur ständig
mit Maßen und Gewichten und bei der Mehlherstellung zu betrügen
(109), sondern

die Verführung von Mädchen und jungen Frauen ist sehr häufig, häufiger als an anderen Orten. Je stärker sie bewacht werden, je mehr Opfer bringen die Männer, um die verbotene Frucht zu erobern. Immoralität, Orgien und alle diesen innewohnenden Laster werden selbst von katholischen Priestern praktiziert, die ihre Macht in der Beichte ausnutzen, Streit und Zwietracht in Ehen bringen, Mädchen entehren und Frauen verführen. Mir steht es nicht an, hier Namen zu nennen. Was für ein Land! Welche Brutalität! Wie viel fehlt noch, um diese Menschen zivilisiert zu nennen (110)!

Und wie die blutjungen Frauen dort abgeschirmt werden! Die Schwägerin des Kommandanten lebt mit ihrem viermonatigen Baby bei ihrem Schwager, solange ihr Mann in Sao Paulo ist. Eingesperrt in ein Zimmer, das sie nie verlässt, und nachts von zwei Matronen belauert. Dass vor der Tür zusätzlich ein treuer Negersklave Wache hält, versteht sich:
Eines Tages fragte Minnchen sie, warum sie uns nicht besuchen käme und immer in ihrem Zimmer bliebe. Sie antwortete, dass sie uns nicht besuchen könnte.
„Warum denn nicht?"
„Weil ich unter Beobachtung meines Schwagers bin".
„Oh mein Gott", antwortete Minnchen, „ist es nicht traurig so eingesperrt zu leben?"
„Och, wir sind daran gewöhnt".
Und das trotz ihrer Hässlichkeit: *Sie scheint sich nicht besonders um ihr Äußeres zu kümmern: sie ist plump, dick und stillt. ... Man muss hier die Frau als Sklavin ihres Mannes sehen, eine menschliche Maschine zur Fortpflanzung* (111).
Harte Worte Langsdorffs, aus denen man schließen muss, dass er wie seine Frau Wilhelmine gegen diese totale Unterordnung der Frauen ist.

Seine in Minas Gerais deutlich gewordene Kasten- und Rasseneinstellung revidiert Langsdorff aber auch hier nicht. Dass ein Rassenmix gute Resultate bringen kann, davon scheint er nicht überzeugt:
Man nimmt an, dass die Rassenmischung das menschliche Geschlecht verfeinert. Wenn man von diesem Prinzip ausgeht, müsste man annehmen, dass sich hier eine wunderschöne Rasse geformt hat, die sich

aus drei sehr verschiedenen Rassen gebildet hat: den Europäern, den Gründern dieser Fazenda, den Indianern oder Südamerikanern und den Afrikanern, d.h. den Sklaven ... (112). Man nimmt das nur an, man glaubt, aber Langsdorff scheinen diese Vermutungen nicht zu überzeugen, jedenfalls nimmt er keinerlei Stellung.

Und dass Sklaven unter bestimmten Bedingungen besser als ihre Herren leben könnten, das scheinen für ihn die Regelungen in Camapuá möglich zu machen. Bei seinen Vorstellungen und seinem Gesellschaftsbild natürlich ein unhaltbarer Zustand: *Die Sklaven kleiden und ernähren sich auf eigne Kosten. Sie haben dafür die Erlaubnis, samstags und sonntags zu arbeiten und Schweine und Hühner zu halten. Hof und Düngehaufen werden von allen benutzt. Bei dieser Aufteilung ist die natürliche Folge, dass die Sklaven besser leben als ihr Herr* (113).

Ganz so ernst nimmt Langsdorff die Klassengesellschaft aber nicht, sonst hätte er dem Kommandanten in Camapuá bestimmt nicht seine Karte mit der Bitte um Öl durch einen Sklaven überbringen lassen: *Das verstoße gegen die lokalen Gewohnheiten und sei für ihn eine Beleidigung, ich hätte die Karte mit einem freien Mann schicken müssen,* kontert der Kommandeur (114).

Insgesamt kann man Langsdorffs Einschätzung von Camapuá nur zustimmen: *Die Dinge stehen hier auf dem Kopf: eigentlich müsste mich hier der Kommandant, wie es üblich ist, mit Gastfreundschaft behandeln. Und das tut er auch, soweit es möglich ist. Aber in der Armut, in der er lebt, kann er wenig anbieten. Ich war es daher, der ihm heute ein Viertel von einem Rind schickte, eine Gabe, die er gern annahm* (115).

In Cuiabá kommt die Expedition am 30.1.1827 an, nach rund sieben Monaten und 4000 Kilometern. Eine enorme Leistung, wenn man bedenkt, dass mehr als hundertzehn Stromschnellen überwunden werden mussten (116). Verständlich, dass Langsdorff dort fast ein Jahr, bis zum 5.12.1827 bleibt. Zeit genug, um sich ein Bild von den dortigen Verhältnissen zu machen. Wenige Tage nach seinem Aufbruch in Richtung Diamantino, dem Zentrum der Gold- und Diamantengewinnung im nördlichen Mato Grosso, resümiert er resigniert in seinem Tagebuch:

Wer sich um das Allgemeinwohl und den Fortschritt der Zivilisation sorgt, dem bricht das Herz bei soviel Misswirtschaft. Bei jedem Schritt, den ich mache, denke ich: ,Mein Gott, wie reich dieses Land sein könnte, wenn es nicht so schlecht verwaltet würde (117).

Er weiß, was ihn erwartet, das geht eindeutig aus einem Brief an seinen Vater vom August 1827 hervor:

Meine jetzige Reise ist noch von dem größten Umfang. Zu Ende dieses Jahres werde ich durch eine höchst ungesunde Gegend, zum Diamantendistrikt, auch bis jetzt kaum bekanntes Wagnis, stoßen, den Arinos und Tapajos bis zum Amazonenstrom vordringen, dann bis zu den spanischen Gränzen ziehen und in Gran Pará, der Hauptstadt der Provinz, einen Ruhepunkt haben, von wo aus ich wieder das Vergnügen haben werde, mich mit Ihnen, theuerster Vater, zu unterhalten (118).

Diamantino erlebt Langsdorff dann auch als *Höllenloch* (119). Da ist er in seiner Einschätzung nicht allein: diese Stadt ist wegen der vielen Fieberanfälle seiner Bewohner und ihrer ausschweifenden Lebensweise mit Weib, Wein und Gesang als ungesund verschrien (120).

Die Bevölkerung von Diamantino ist im allgemeinen unmoralisch. ...
Ich glaube, ich kann sagen, dass ich in dieser Provinz keine einzige treue Ehefrau angetroffen habe. ...
Die Männer leben unter einem Dach mit ihrer Ehefrau und ihren Konkubinen, die Nachkommen wachsen gemeinsam auf (121).

Damit nicht genug: zu der Unmoral gesellt sich auch eine knickerige Haltung und Gefühlskälte den Fremden gegenüber:

Niemals habe ich eine solche Kälte und Gleichgültigkeit bei einem Abschied erfahren, vor allem nach einem monatelangen Aufenthalt. Das spiegelt den merkantilistischen und knauserigen Charakter der Bewohner (122).

Und ein Vater, dessen Sohn er behandelt und vor dem sicheren Tod rettet, versteigt sich zu dem unsäglichen Kommentar:

Es wäre auch gut gewesen, wenn er gestorben wäre, Kinder machen nur Arbeit, und ich habe schon genug Sprösslinge (123).

Langsdorffs Schlusseinschätzung der dortigen Bewohner zwei Wochen später wird damit nur zu verständlich:
Um ehrlich zu sein, ich glaube, dass es keinen ehrenhaften Menschen in Diamantino gibt: das sind alles Zigeuner. Die ehrenhafte Klasse verkörpern die Grundbesitzer der Region (124).
Ein Eindruck, den der nahegelegene Hafen des Rio Preto mehr als bestätigt:
Dieser Hafen des Rio Preto ist wirklich das Ende der Welt (125).

Die ernsthaften Erkrankungen fangen schon bald nach dem Start in die Wildnis im Juni 1826 an. Riedel, Taunay und Florence werden bereits Anfang Juli von der Krätze befallen:
Die Krätze verursacht schreckliche Wunden und unerträgliche Schmerzen (126).
Auch Wilhelmine, Langsdorffs zweite und deutlich jüngere Frau, wird im August 1826 vom Fieber gepackt:
Mein liebes Minnchen hatte hohes Fieber und konnte nicht ausspannen (127).
Und wenige Tage später ergänzt Langsdorff:
meine teure Kranke wollte Honig essen, der ihr auch gebracht wurde (128).
Dass er seine Frau hier zum ersten und vorletzten Mal in seinen Tagebüchern erwähnt, passt zu seiner egozentrischen Haltung. Auch seine Bemerkungen zu der Cainca-Wurzel, deren entwässernde Wirkung er entdeckt haben will, die aber von einem Dr. Engler zuerst beschrieben wurde. Jedenfalls schreibt Florence in seinem Tagebuch, dass Dr. Engler den Baron auf die Cainca Wurzel und ihre heilende Wirkung aufmerksam gemacht habe (129). „Datenklau" ist eben auch damals schon üblich, zumindest wenn man übertrieben ehrgeizig und geschäftstüchtig ist. Das legt zumindest Langsdorffs Eintragung nahe:
Ich befürchte, dass die Cainca-Wurzel, die ich als erster verschrieben und in Umlauf gebracht habe, so schnell nicht nach Europa eingeführt werden kann, weil sie nicht in klar abgegrenzten Regionen vorkommt und an jedem Ort anders genannt wird (130).

Immerhin: er behandelt weiter die kranke Bevölkerung in Mato Grosso und ist darauf mit Recht stolz, denn die Regierung *rührt keinen Finger, um die Gesundheit seiner Bevölkerung zu erhalten. ... Ich bin*

*hoch befriedigt, in Mato Grosso viele wunderbare Heilungen voll-
bracht zu haben* (131).

Christliche Nächstenliebe hin oder her, die er ja in Minas Gerais als
Motiv für seine Behandlungen genannt hat: Er kann nicht alle Patienten versorgen, da er bei dem Ansturm an Kranken die Expeditionsziele aus den Augen verlieren würde. Und das verträgt sich absolut nicht
mit seiner Zielgerichtetheit:

*Ich will keinen einzigen Tag mit Aktivitäten verlieren, die nicht zu
meinen Zielen gehören* (132).

Das Gebiet um Diamantino ist dafür bekannt, äußerst ungesund zu
sein:

*Diese Gegend hat einen so starken Ruf, ungesund zu sein, dass weder
der Gouverneur, der Bischof oder eine andere Person sich hierher
wagen, es sei denn, es ist absolut notwendig. Und schon gar nicht in
der Regenzeit* (133).

Und wirklich: Von jetzt ab geht es Schlag auf Schlag, und der Gesundheitszustand der Expeditions-Crew verschlechtert sich ständig.

Am 18. März 1828 erkranken Florence und Rubzoff an Fieber und
Kopfschmerz. Langdorff fühlt sich einen Tag später noch gefeit:

*Ohne meine medizinischen Kenntnisse, ohne meine gegerbte Haut und
ohne meinen an Strapazen gewöhnten Körper könnte ich die ganzen
Schwierigkeiten einer solchen Reise nicht überstehen. Ich bin sehr
motiviert, wenn ich daran denke, dass ich in wenigen Tagen weiterrei-
sen werde. Es ist zweifellos eine gefährliche Reise, aber ich denke eigentlich nur an die tausend Vorkehrungen, die ich noch treffen muss*
(134).

Welch Irrtum: nur einen Tag später erwischt es auch den Expeditions-
Chef:

*Am Nachmittag des 20. März hatte ich Schüttelfrost und hohes Fieber
während der Nacht. Ich hatte keine Arzneien und keinen Appetit. Ich
ließ schnell Brechmittel kommen und war in der Nacht vollkommen
erschöpft. ... Ich konnte kaum meine Briefe schreiben. Als ich sie noch
nicht versiegelt hatte, kam das Fieber zurück, stärker als jemals zu-
vor. Ich verbrachte den Abend sehr schlecht, aber in der Nacht ging
es besser* (135).

Neben dem Fieber quälen ihn Kopfschmerz, Atembeklemmung,
Schwäche, Appetitlosigkeit und sogar Gehschwierigkeiten (136).

Ein peinigender Zustand, der schnell wiederkehrt:

Obwohl ich gestern beim Abendessen und heute beim Frühstück Appetit hatte, fühlte ich eine gewisse Leere und Schwäche in den Knochen, was kein gutes Signal war.
Gestern ... hatte ich Fieber mit Schüttelfrost. Danach war mir stundenlang siedend heiß und gegen Abend ... begannen die Schweißausbrüche, gefolgt von Kopfschmerz, Atemnot und dem Gefühl eines übervollen, gespannten Magens. Im Mund hatte ich einen schlechten Geschmack und brennenden Durst. Gegen Abend nahm ich ein Brechmittel, mit großem Erfolg, denn ich brach pure Galle aus. Heute fühle ich mich ein wenig besser. Ich habe kein Fieber, aber einen Stein im Magen, das Gefühl eines übervollen Magens (137).

Florence bestätigt in seinem Tagebuch den lamentablen Zustand seines Chefs und der gesamten runtergekommenen Crew, die er mit Spukgestalten vergleicht:

Die Herren Langsdorff und Rubzoff kränkelten weiter stark. Sie waren so schwach, dass sie nicht aus den Hängematten herauskommen konnten und wurden vollständig appetitlos. Täglich – zur gleichen Stunde – kehrte ein Schüttelfrost wieder, dem so starke Fieberanfälle vorausgingen, dass sie in kurzen Abständen stöhnten und sich unter Krämpfen wanden, so dass sogar die Bäume schwankten, an denen die Hängematten ... aufgehängt waren. ...
Die keine Atempause gewährenden Krankheiten machten uns Gespenstern ähnlich, Tag und Nacht uns quälende Insekten, ununterbrochener Regen, von dem sogar die Hängematten in den Zelten und die Nahrung durchnässt wurden ..., alles das machte unsere Lage sehr schwierig (138).

Jetzt sind bereits praktisch alle krank:

Wir sind früh aufgebrochen und setzten unsere monotone Reise fort, nach einer schrecklichen Nacht. Kranke stöhnten und schrieen an allen Ecken. Rubzoff und Florence hatten Fieber (139).

Obwohl Arzt, steht Langsdorff der Situation relativ hilflos gegenüber, denn seine Therapieversuche helfen lange nicht immer und bewirken sogar zum Teil das Gegenteil:

Die Behandlung mit Brech- und Abführmitteln, die ich meinen Patienten gebe, ist der reine Notbehelf: einige fühlen sich wohler, andere werden kränker und wieder andere zeigen keine Änderung in ihrem Zustand (140).

Weitere Expeditionsteilnehmer werden krank und der Zustand der bereits Kranken verschlimmert sich. Langsdorff macht keine Ausnahme: Er ist über lange Zeit bewusstlos und verfällt in Fieberträume: *Nun berichte ich, was bis heute passiert ist (ab 14.4.) Ich hatte ganz hohes Fieber, eine Trommelfellentzündung und eine Bauchinfektion. Ich wusste nicht mehr, was ich machte. Aber heute an meinem 55. Geburtstag fühle ich mich besser* (141).

Doch bald geht es ihm wieder so schlecht, dass er glaubt sterben zu müssen: *Wiederum zwei Tage verloren, zwei unselige Tage. Ich hatte schon Körper und Geist dem allmächtigen Gott übergeben, denn ich glaubte, den gestrigen Tag nicht überleben zu können. Ich war in diesen zwei Tagen ohne Bewusstsein und im Delirium. Mein einziger Trost waren meine klaren Momente, in denen ich die Hilfe und Freundschaft meiner Kameraden Rubzoff und Florence spürte. ... Heute fühle ich mich wieder mehr Herr meines Körpers, aber noch nicht von meinem Verstand* (142).

Den sollte er auch nie mehr vollständig zurückgewinnen: *Ich hatte den ganzen Tag hohes Fieber, war das Leben leid. Ich lag im Delirium, praktisch ohnmächtig. ... Ich fiel in leichten Schlaf, ich weiß nicht, für wie lange, und hatte einen sehr angenehmen Traum: ich sah mich krank in Paris und mein Busenfreund G. Oppermann war sehr um mich besorgt und sandte mir die besten Fruchtgelees. Ich erwachte gestärkt, erleichtert und rundum erneuert, als wenn ich neu geboren wäre* (143).

Die kurze Besserung hält nicht an, sein Zustand verschlechtert sich weiter gravierend: *Anstelle eines Reisetagebuchs müsste ich eine Krankheitsgeschichte schreiben. ... Wieder zwei beklagenswerte Tage: konstantes Fieber, totale Appetitlosigkeit, mit Ausnahme einiger Löffel mit Tapioka-Gelee fastete ich vollkommen* (144).

Vom 24. April an dämmert er praktisch nur noch vor sich hin, fällt von einem Delirium ins nächste: *Dank Gottes lebe ich noch. ... Seit dem 24. April war ich Tag und Nacht praktisch ohnmächtig, in starker Benommenheit mit fantasti-*

schen Träumen. Ich habe praktisch nur wenige Minuten am Tag, in denen ich bewusst bin und in denen ich die für meinen Fall geeigneten Medikamente herstellen oder herstellen lassen kann. ... Essen kann ich praktisch nichts, alles stößt mich ab. ...Nur Florence ist noch im Stande, das Tagebuch zu führen, das ich in meins integrieren werde (145).

Am 20.Mai 1828 ist es dann soweit: Langsdorff macht den letzten Eintrag in seinem Tagebuch: Er hofft, sich nach Santarem durchschlagen zu können. Eine Hoffnung, die Rubzoff damals nicht teilt, wie aus seinem späteren Brief an das Kollegium für Auswärtige Angelegenheiten in Sankt Petersburg vom Oktober 1828 hervorgeht: *Grigorij Ivanovic (Langsdorff) verschlechterte sich von Tag zu Tag, und ich hatte doch nicht einmal die Hoffnung, mit ihm zur Stadt Santarem zu kommen. Das Gleiche fühlend rief er mich zu sich und erklärte, dass er nicht mehr lange lebe; er trug mir auf, seine Pflichten zu übernehmen und alle zur Naturgeschichte gehörenden Dinge nach St. Petersburg abzusenden* (146).

Florence bestätigt in seinem Tagebuch Langsdorffs angeschlagene Gesundheit und vor allem seine geistige Verwirrtheit: *Hier wurde zum ersten Mal der unglückliche Zustand offenbar, in den Langsdorff geraten war, der Verlust des Gedächtnisses für jüngste Ereignisse und die völlige Unordnung seiner Gedanken – infolge des Wechselfiebers* (147).

Doch die Expedition quält sich in monatelanger Fahrt bis nach Belém durch und startet rund vier Monate später im Januar 1829 mit dem Segler „Don Pedro I" nach Rio de Janeiro. Sie erreichen die Stadt Mitte März 1829. Rubzoff schreibt damals auf See über den angeschlagenen Gesundheitszustand des Barons an den russischen Außenminister Nesselrode:
Im Laufe der Reise war die Meeresluft für Grigorij Ivanovic nützlich und alles, was mit ihm vor dieser Reise vorgegangen war, erzählte er ausführlich; was jedoch die Zeit vom 3. September 1825 bis jetzt betrifft – erinnerte er sich an nichts. Kommt man gelegentlich auf jene Zeit zu sprechen, antwortet er immer, das er sich an nichts erinnert. ... Man kann (in Anbetracht seines Alters) nicht darauf hoffen, dass er

noch wieder in seiner früheren Geistesverfassung wird sein können (148).

Eine Prophezeiung, die sich leider erfüllt. Langsdorff reist nach Eintreffen des Einverständnisses des Zaren zusammen mit seiner Familie im April 1830 von Rio de Janeiro zu einem unbefristeten Urlaub nach Deutschland zurück und siedelt sich bald in Freiburg im Breisgau an. Seine Sexualität, die hat nicht gelitten: seine Frau bekommt noch in Antwerpen Ende Juli 1830 ihren Sohn Adolf Wilhelm, Langsdorffs neuntes und letztes Kind. Aber seine Gedächtnisprobleme bleiben. Sein zweiter Sohn Georg, ein Mediziner, bescheinigt ihm Gehirntyphus, die Ursache für den Verlust des Kurzzeitgedächtnisses:

Auf meines Vaters letzten Reise, zum Zwecke des Ursprungs des Amazonen Flusses kennen zu lernen, erkrankte der Vater und verlor in Folge eines Gehirntyphus das Gedächtnis, aber so, dass er sich wohl ganz genau des Vergangenen, aber nicht des Gegenwärtigen erinnern könnte, so dass er, wenn er eine Zeitung durchgelesen, ihm der Anfang etwas Neues war (149).

Der Baron stirbt im Juni 1852, ohne sein Gedächtnis wiedererlangt zu haben und wird auf dem Alten Friedhof in Freiburg begraben.
Baron von Palenca, der neue russische Botschafter in Rio de Janeiro, schickt den Großteil der Expeditionsmaterialien nach Sankt Petersburg. Hier geraten sie in Vergessenheit und gelten Jahrzehnte als verschollen.

In Brasilien dagegen veröffentlicht Hercule Florence 1831 seine „Recherches sur la voix des animaux ou essai d'un nouveau sujet d'études offert aux amis de la nature", d.h. sein „Soundscape Brasilien" 1826-1829. Und Alfredo Taunay gibt 1875/6 die Tagebücher von Florence heraus., die dann 1929, 1941 und 1977 in Sao Paulo – zum Teil nur in Auszügen – wiederaufgelegt werden.

In Europa erinnert man sich erst viel später an Langsdorffs Expedition. Immerhin veröffentlicht Karl von Steinen 1899 seinen Beitrag „Indianertypen von Hercule Florence" in Braunschweig (150), und 1917 schreibt der russische Ethnograph G.G. Manizer ein Manuskript über die Forschungsreise, das aber nicht publiziert wird. Und 1926 wird in Rom und 1928 in New York über die Expedition referiert. 1930 ist es dann soweit: das Expeditionsarchiv wird im botanischen Museum der Petersburger Akademie der Wissenschaften wiederentdeckt. Das Interesse hält sich aber in Grenzen bis Anfang der sechziger Jahre B. N. Komissarov und D. E. Berthels mit der Aufarbeitung beginnen (151).

Expeditionsziele

Als ich Rio verließ, wollte ich in meinen letzten Lebensjahren eine Reise machen, die vergleichbar mit den größeren Reisen des großen Alexanders ist (1).
(Georg Heinrich von Langsdorff)

Die Expeditionsziele sind weitgesteckt. Zoologie, Botanik, Mineralogie, Agronomie, Geografie, Meteorologie, Medizin, Ethnographie und Linguistik. Das ist der breite Fächer, der natürlich auch das Handwerk und den Gold- und Diamantenabbau mitberücksichtigt. Mit einem Wort: der Baron will vor allem eins: die vorangegangenen Expeditionen überbieten (2).
Die Expeditionsteilnehmer legen unermüdlich entsprechende Sammlungen an, zeichnen Straßen- und Landkarten und fertigen Zeichnungen oder Aquarelle von Gebäuden, Kirchen, Landgütern und natürlich von Lebensszenen der Indianer, Sklaven und der brasilianischen Bevölkerung an. Dazu treten entsprechende Verzeichnisse zum Beispiel von Fischen und Vögeln sowie Aufzeichnungen und Untersuchungen zu den genannten Wissensgebieten. Im Bereich der Medizin beispielsweise zu der „Cainca-Wurzel" und ihrer entwässernden Wirkung oder zu der Heilpflanze „Jaborandi":
In der umliegenden Gegend wachsen viele Medizinalkräuter, unter anderem die Jaborandi, ein Medikament zur Wundbehandlung. ... Ihre Wurzel hat betäubende Wirkung (3).
Allein Langsdorff hinterlässt unter anderem geographische Beobachtungen zu den Provinzen Rio de Janeiro und Minas Gerais, Notizen zu den Kayapó-Indianern, Beobachtungen zur Viehzucht und zur Linguistik. Nicht zu vergessen die zwischen Cuiabá und Diamantino neuentdeckte Pflanze, die er *Langsdorffia* nennt.

Ein ungeheures Material, Langsdorffs Tagebücher umfassen bereits 1400 Blätter. In diesem Reisebericht formuliert er auch ganz konkrete Schlussfolgerungen, die er wegen seiner Erkrankung nur zum Teil als Ratschläge an die brasilianische Regierung weiterleiten kann. Er regt darin eine Verlegung der Hauptstadt von Rio de Janeiro nach Minas Gerais und die Gründung einer Universität in dieser Region an:

Die Hitze und das Klima Rio de Janeiros sowie seine Entfernung von den abgelegenen Provinzen wie Pará, Mato Grosso oder Montevidéu – und damit die Unbequemlichkeit für die Abgeordneten dieser Provinzen, die mehr als acht Monate benötigen, um von Mato Grosso nach Rio zu kommen, – sollten von der Regierung mitbedacht werden. Dort ist auch das Wasser nicht gut (4).

Die hier kürzlich von Friedrich Wagner entdeckte Steinkohle könnte mit der Zeit von größter Bedeutung werden, wenn der Regierungssitz und die Kaiserliche Stadt in diese Region verlegt würde ... (5).

Und zum Aufbau einer Universität:

Gestern und vorgestern habe ich einen kleinen Artikel über die Gründung einer Universität in Brasilien geschrieben. Ich bin der Meinung, dass sie in Minas eröffnet werden sollte (6).

Und das nicht nur wegen des anstrengenden Klimas und der Randlage von Rio, sondern auch wegen der höheren Kosten und der gefährdeten Moral in der Hauptstadt. So argumentiert er jedenfalls in einem entsprechenden Brief über die Universitätsgründung (7).

Er kann sich auch über die Gleichgültigkeit des brasilianischen Kaisers seinen Bodenschätzen gegenüber nur wundern:

Ist es nicht merkwürdig, dass sich der russische Zar mehr für die Bodenschätze Brasiliens interessiert als der brasilianische Kaiser (8)?

Auch ein Hinweis für die wirtschaftlichen Interessen, die hinter der Expedition stehen.

Da ist es nur zu verständlich, dass die Langsdorff - Spezialisten Komissarov und Berthels der Expedition des Barons große Originalität bescheinigen und zwar auch im Vergleich zu den Forschungsreisen von Spix und Martius oder von Maximilian Wied-Neuwied (9).

Mehr noch: der Mediziner und Naturwissenschaftler sprengt die Grenzen der Wissenschaften und wird zum Visionär. Doch, seine Ziele hat er erreicht, eindeutig, das muss man Langsdorff bescheinigen. Wenn das auch durch den langen Verlust der Materialien erst langsam deutlich wird.

Dass bereits in seinem Nekrolog stark bedauert wurde, dass der Baron seine Entdeckungen und seine Ergebnisse wegen seiner Krankheit nicht mehr auswerten oder publizieren konnte, klingt heute noch plausibler:

Und wenn die durch lange Reisen und anstrengende wissenschaftliche Arbeit verursachten Anstrengungen einen plötzlichen krankhaften Zustand verursachten, der die großartige Organisation des Wissenschaftlers im blühenden Alter vernichtete, in der Mitte seiner wissenschaftlichen Laufbahn, und ein unüberwindliches Hindernis darstellte, um sein geplantes Vorhaben und die Publikation des letzten und bedeutendsten Teils seiner Arbeit zu verwirklichen, wie sehr muss man ein solches Unglück bitterlich bedauern (10).

Langsdorff – ein Charakter des 19. Jahrhunderts

Sein Gang war schnell, sein Kopf und seine Arme –vorgestreckt – schienen den anderen ihre Trägheit vorzuhalten (1). (Auguste de Saint-Hilaire, Botaniker und Reisegefährte von Langsdorff)

Für den ausgewiesenen Langsdorff-Forscher Hans Becher gibt es gar keinen Zweifel: Der Baron ist für ihn ein großer engagierter Wissenschaftler mit ausgesprochen positiven sozialen Seiten. Er hält ihn nicht nur für äußerst hilfsbereit und gastfreundschaftlich, sondern betont auch seinen Charme und seine Heiterkeit. Das geht jedenfalls klar aus dem Schlusswort seines Buches über diesen Universalgelehrten hervor: Er verdanke seinen *besonderen Platz* unter den Gelehrten des beginnenden 19. Jahrhunderts *seinen überragenden wissenschaftlichen Leistungen als auch seinem fröhlichen, unbekümmerten Wesen, seinem Charme, gepaart mit ständiger Hilfsbereitschaft und Gastfreundschaft wie sie von den zeitgenössischen Wissenschaftlern und Reisenden immer wieder hervorgehoben werden. Mit allen Gelehrten, Ministern, Diplomaten, Offizieren, Kaufleuten, Landwirten usw., die seine Wege kreuzten, war er in freundschaftlichster Weise verbunden. Gleichzeitig stand er in höchster Gunst bei dem Zaren Alexander I und Nikolaus I sowie bei dem Kaiser Pedro I. ...*
Schwierigkeiten gab es für ihn eigentlich nur mit den aufsässigen deutschen Kolonisten und den jungen, ehrgeizigen, ungeduldigen Künstlern. ... Ein Anlass für diese Differenzen ist sicher auch der Generationsunterschied und die Tatsache, dass sich die Zeichner dem über mehr Erfahrung verfügenden, älteren Expeditionschef nicht anpassen wollten. Hinzu kam, dass er an sich selbst große Anforderungen stellte und diese auch von seinen Mitarbeitern forderte, was dann wahrscheinlich zu Spannungen führte (2).

Und wirklich, Langsdorffs zeitgenössische Forschungskollegen, die ihn aus Brasilien kennen, bestätigen diese Einschätzung teilweise. Spix und Martius bescheinigen ihrem Gastgeber Langsdorff die *immer frohe Laune des Weltumseglers* und *konstant gute Stimmung* (3), und der französische Botaniker Auguste de Saint-Hilaire, den der Baron 1816 kennenlernt und mit dem er im gleichen Jahr nach Minas Gerais reist, schreibt über ihn:

In der Gesellschaft des Herrn Langsdorff, des tätigsten und unermüdlichsten Menschen, dem ich in meinem Leben begegnet bin, lernte ich es, auf einer Forschungsreise nicht eine Minute zu vergeuden, Entbehrungen nicht zu beachten und heiter alle möglichen Unbequemlichkeiten zu ertragen. ...
Sein Gang war schnell, sein Kopf und seine Arme - vorgestreckt – schienen den anderen ihre Trägheit vorzuhalten. Er sprach so schnell, dass er außer Atem geriet wie nach einem langen Marsch (4).

Aber Vorsicht: bei Saint-Hilaire schwingt schon eine Gefahr mit: Der Baron scheint immer einen Schritt voraus zu sein, „accelerando", mit der Konsequenz, dass sich seine Partner mit ihm messen und dabei schnell den Kürzeren ziehen und sich als unterlegen empfinden. Und da ist auch noch Taunays Neffe Alfredo d'Escragnolle Taunay, der Langsdorff sexuelle Ausschweifungen, ja sogar Exzesse, vorwirft (5), völlig im Einklang mit William Luret, der ihm in Cuiabá nächtliche Orgien mit Mulattinnen unterstellt (6). Ganz abgesehen von Hercule Florence, der bei seiner Beschreibung des Aufbruchs in Porto Feliz im Juni 1826 bemerkt, dass der Baron mit einer jungen Deutschen, die er kürzlich aus Rio mitgebracht habe, die Reise angetreten habe und damit ebenfalls auf seine lockeren Sitten anspielt. Sonst hätte er ja von Langsdorffs Frau gesprochen. Und mehr noch: Er unterstellt seinem Chef „Datenklau": Er habe sich mit der Entdeckung der ‚Cainca'-Wurzel geschmückt, obwohl ein Dr. Engler ihre Wirkungen als erster beschrieben habe (7).

Gründe genug, um genauer hinzuschauen und unsere vor allem auf den Tagebüchern Langsdorffs beruhende Beschreibung der Expedition noch einmal abzuklopfen:
Aber zunächst noch einmal zu der Einschätzung Bechers: Liegen Langsdorffs Probleme mit seinen Künstlern wirklich nur an deren Aufsässigkeit, an dem Altersunterschied und an der hohen Leistungsmoral des Barons? Doch eher nicht, jedenfalls, wenn man sich an seinen Umgang mit den Künstlern und Wissenschaftlern erinnert: Der

Chef zieht es vor, mit „Diensterlassen" sein Team zur Raison zu bringen, anstatt mit ihnen auf Augenhöhe zu reden. Man glaubt sich in bester Gesellschaft der heutigen „Erlasse" des Auswärtigen Amtes oder der Instruktionen der Unternehmensberater! Anweisungen anstelle von Dialog! Ganz deutlich wird dann Langsdorffs autoritäre Haltung in seinem Entlassungsbrief an Johann Moritz Rugendas: Er fordert Respekt dem Älteren gegenüber, aber vor allem Ehrerbietung für den Aristokraten und den Chef. Klar, dass er seine Auffassung von Wissenschaft und Kunst kompromisslos durchsetzen will: die Zeichner haben die von den Wissenschaftlern vorgegebenen Pflanzen oder Tiere zu zeichnen und zwar detailgetreu und präzise. Bitte ohne künstlerische Freiheit und ohne zu großen ästhetischen Anspruch.

Autoritär, ja das ist er und fordert streng diszipliniertes Verhalten ein. Cholerisch, das kann er auch sein. Muss er doch nach der Auseinandersetzung mit Rugendas erst eine Nacht verstreichen lassen, bevor er sein kaltes Blut wiedererlangt. Kein Wunder, dass die Kooperation mit dem künstlerischen und wissenschaftlichen Team nicht klappt, weder mit den drei Zeichnern, noch mit seinem Vertrauten Rubzoff, dem Astronomen, der in den Alkohol flieht oder mit seinem Vertreter, dem Botaniker Riedel, der es ab Cuiabá vorzieht, auf einer anderen Route bis zum Amazonas vorzustoßen. Da wird es auch mit der beschworenen Heiterkeit nicht immer weit hergewesen sein. Eins ist damit klar, ein großer Diplomat, der ist er nicht.

Und seine Affinität zum weiblichen Geschlecht? Die machen bereits seine Tagebuchaufzeichnungen aus Minas Gerais relativ deutlich: So bedauert er das vollständige Fehlen von weiblichem Personal auf einer Fazenda mit zwanzig Sklaven:
Man bemerkt stark das Fehlen weiblicher Präsenz auf diesem Gut (8),
und erwähnt offenbar erleichtert, dass sich die Frauen in Minas im Gegensatz zu anderen brasilianischen Regionen überhaupt öffentlich zeigen und sich nicht im Haus einschließen und zurückziehen:
Die Frauen bewegen sich frei und unterhalten sich viel und offen. Sie haben viel Talent für die Musik, besonders für den Gesang. Abends wird gesungen, so ganz anders als an anderen Orten (9).

Bei Einladungen in brasilianische Familien oder bei Festen erwähnt er, dass die Frauen gut und attraktiv aussehen:

In der Fazenda Alferes Antonio Ribeiro Vogada wurden wir von freundlichen Leuten empfangen. (auch von einer sehr hübschen jungen Frau) (10).

Und über ein Fest in Tijuco notiert der Baron:

Die Mehrzahl der Frauen waren schlank und groß. Nur wenige waren mittelgroß oder klein. Die meisten waren verheiratet, manche waren sehr hübsch, wirklich hässlich war keine einzige (11).

Ihm entgeht auch nicht die im Vergleich zu Europa frühere Reife der Frauen in Brasilien. Auch nicht ihre große Fruchtbarkeit, die angeblich durch ihren ausschließlichen Einsatz in der Hausarbeit bedingt ist:

Die Mädchen sind hier im allgemeinen früher heiratsfähig als bei uns. Häufig heiraten sie mit dreizehn oder vierzehn Jahren. Sie bekommen ihre Menstruation sehr früh und sind sehr fruchtbar. Die Frauen ... haben ihre Menstruation manchmal bis sie sechzig sind. ...Sie sind häufig mit vierzig Jahren noch gebärfähig (12).

Der Pater garantierte mir, dass auf diese Weise die Frauen viel fruchtbarer blieben als bei ihrem Einsatz in der harten Feldarbeit (13).

Dass er bei dieser Anfälligkeit für das Weibliche dem Kommandanten Ribeiro Vienna in Santa Luzia mit einem Aphrodisiakum aushilft, passt gut ins Bild, dass dadurch sogar dessen Hochzeit beschleunigt wird, ist ein positiver Nebeneffekt (14). Die häufig anzutreffenden Prostituierten *führen obszöne Tänze auf, singen Lieder in niederem Jargon, verlangen nach Wein und Schnaps, rauchen, erweisen sich aber als sympathisch und gefällig* (15).

Bei dieser positiven Charakterisierung ist anzunehmen, dass Langsdorff ihre „geneigten" Dienste auch gern in Anspruch nimmt.

Als er in der Provinz Sao Paulo seinen reichen Gastgeber fragt, warum die Töchter des Hauses so schüchtern sind und sich nicht zeigen, antwortet der ihm,

dass sie schon kämen, wenn ich entschuldigte, dass sie im „Négligé" seien (16).

Klar, dass Langsdorff dafür Verständnis hat und die Schönen bewundern kann. Wenn sich die Frauen dagegen bei Einladungen wirklich

nicht zeigen, dann verlässt er einfach die Geselligkeit wie auf der Fazenda Pinhal an der Straße von Sao Paulo nach Porto Feliz:
Da es nicht Sitte ist, dass sich die Frauen in Gesellschaft der Männer aufhalten, zog ich mich zurück und beobachtete die lokalen Sitten und Gebräuche (17). Natürlich draußen, außerhalb der Gastgeber-Fazenda.

Was steckt wohl dahinter? Bei seiner Auffassung, dass auch die Brasilianerin von Stand eher ungebildet ist,
Sie (immerhin die brasilianische Frau des angloamerikanischen Konsuls) *ist eine Ausnahme unter den brasilianischen Frauen: sie hat viel mehr Erziehung als man hier von einer Frau von Stand erwartet* (18), ganz einfach nur eins: der erotische Reiz der Frauen. Eine Attraktivität, die nach seiner Meinung die Frauen häufig gezielt zur Korrumpierung der Mächtigen einsetzen:
Alle Gouverneure und Präsidenten, die mit absoluter Macht ausgestattet sind, müssten wirklich verheiratet sein. Junge und unverheiratete Gouverneure kümmern sich wenig um die Moral. Sie richten viele Feste aus, Bankette, Tänze und Spiele. Frauen und hübsche Mädchen haben viel Macht: mit ihrer Vermittlung können normale Bürger sogar unbillige Forderungen stellen. Alles wird parteiisch und willkürlich entschieden. Morde, an denen die Mächtigen beteiligt sind, bleiben ungesühnt. Kein unverheirateter Gouverneur hat jemals öffentliche Bauten oder Unternehmungen durchgeführt (19).
Deutlich wird hier aber auch, dass Langsdorff den verheirateten Frauen zutraut, ihre Männer auf einen moralischen Kurs und zu öffentlichem Engagement zu bringen

Wie auch immer: Seinen Neigungen kann er in der Paulistaner Provinz und überhaupt in Brasilien nicht oft nachgeben, da die Frauen hier im allgemeinen ganz zurückgezogen in ihren Häusern leben:
Es ist wirklich sehr schwierig, die Erziehung und Lebensweise der Frauen in Brasilien zu verstehen. Sie leben immer getrennt von dem anderen Geschlecht und zeigen sich ganz selten vor Fremden oder selbst vor Verwandten. Sie verbringen ihr Leben eingeschlossen in ihren Häusern. Die einzige Möglichkeit, in der Öffentlichkeit zu erscheinen ist die Messe am Sonntagmorgen. An diesen Tagen werden trotz aller Wachsamkeit der Eltern die Rendezvous ausgemacht. Heute erzählte mir eine vertrauenswürdige Person eine heikle Geschichte,

die vor einigen Jahren in Itu stattfand. Ein Vater entdeckte auf einem Spaziergang nach der Sonntags-Messe seine Nichte, die neugierig und ohne Wissen der Mutter durch das Gitterfenster die Passanten beobachtete. Nach Benachrichtigung seiner Schwester rief diese ihn am Nachmittag zu sich *und zeigte ihm die tote Tochter, die sie stranguliert hatte. Damit garantiere sie ihm, dass die Tochter von nun an keine Passanten mehr auf der Straße beobachten werde* (20).
Strenge und unverständliche Sitten, die Langsdorff unkommentiert lässt.

Auf den Marquesas breitet er sich ausführlich über die reizvollen nackten Sirenen aus, die sich mit den unanständigsten Gesten anbieten. Allerdings: er betont, dass er die Figuren von Negerinnen vorzieht. Und dann erst die Indianerinnen: Klar, dass er bei der jungen Nackten in dem Apiacá-Dorf nicht widerstehen kann, als sie ihn um seine ,Haut', die Uniformjacke, bittet und damit auf Nimmerwiedersehen im Urwald verschwindet. Die *vollen, kegelförmigen* Busen der Indianerinnen, die sogar im Alter ihre Form behalten (21), sind einfach zu verführerisch! Da kann man verstehen, dass der erste Blick nach dem Piranhaangriff seiner Männlichkeit gilt. Die war Gott sei Dank intakt!
Fast kann man auch die Geschichte glauben, die über sein großes brasilianisches „Schattenspiel" erzählt wird: Der Baron soll abends in den Lagern am Flussufer häufig in seinem Zelt mit seiner jungen zweiten Frau der Liebe gefrönt haben, bei Kerzenschein. Und seine Crew amüsierte sich mehr oder weniger über die amourösen Schattenspiele.

Ein guter Gastgeber, ja das ist er, das zeigen die vielen Besuche von wichtigen Forschungsreisenden wie Spix und Martius oder Wied zu Neuwied. Und hilfsbereit auch: Jedenfalls behandelt er die ihn bestürmenden Kranken soweit es geht, lässt aber dabei die Expeditionsziele nicht aus dem Blick, weiß also wieder einmal, was er will.

Luxus korrumpiert die Menschen. Was bedeutet am Ende das Gold? fragt sich Langsdorff auf seinem Minas Gerais-Tripp (22). Offenbar viel, auch für ihn, denn seine Geschäftstüchtigkeit wird immer wieder deutlich. Beispielsweise in den Verträgen mit seinen Künstlern, die erst nach ihm publizieren dürfen oder bei seinen Sklavenverkäufen, ganz abgesehen von den Abmachungen mit den Kolonisten für seine Farm Mandioca.

Und einen großherzigen Sponsor, den hält er nicht für einen bewunderungswürdigen Altruisten, sondern für eine eigenartige Person, die von der Welt ausgenutzt wird:
Joao Batista aus Gongo Soco ist wirklich eine merkwürdige Person. Er verwendete alles Gold, das er gewonnen hatte, so altruistisch wie möglich und wendete es zum Wohl der Gemeinschaft an. Er ließ in Caeté die Präfektur erbauen und möblieren, die Casa da Comarca, und verschiedene öffentliche Straßen wurden mit seinen Mitteln eröffnet. ... Es ist leicht vorstellbar, wie die Leute seine Güte ausnutzen (23).

Als einer seiner Patienten, auf dessen Koppeln in der Provinz Sao Paulo die Esel der Expedition geweidet hatten, ihm dafür eine saftige Rechnung über 1200 präsentiert, da zeigt sich in seiner Antwort seine ganze Gerissenheit und sein Geschäftssinn:
Herr Rodrigo schuldet mir für Beratung und Medikamente 1200. Ich schulde Ihnen wegen der Weide 1200. Folglich erhalte ich von Ihnen 0.000. G.L.(24).

Charakterzüge, die William Luret im wesentlichen teilt. Er sieht in dem Baron auch einen undiplomatischen, Stimmungsschwankungen unterworfenen, widersprüchlichen Menschen, mit einer Schwäche für alles Weibliche, dem er sogar noch Großmannssucht unterstellt. Interessant, dass er ihm auch so wie Auguste de Saint-Hilaire großen Aktivismus bescheinigt (25).

Das Menschenbild und Gesellschaftsmodell des Barons lassen sich gut aus seinen Einstellungen seiner Mannschaft, der brasilianischen Bevölkerung, den Sklaven und den Indianern gegenüber ablesen:
Seine Crew vergleicht er in seinem Tagebuch mit dem lieben Vieh, so sehr stört ihn ihre maßlose Fresssucht. Es sind halt *Kreaturen zwischen Mensch und Tier* (26).

Und die brasilianische Bevölkerung erlebt er als ungebildet, träge und faul, ohne Hygienevorstellungen. Ja mehr noch: Ihr Aberglaube geht soweit, dass sie Rinder mit mehrtägigem Wasser- und Nahrungsmittelentzug bestrafen, die in ihren Augen Felder verwüstet haben. Wohl besonders auf Grund ihrer Unmoral hält er die Brasilianer für alles andere als für ehrenhafte Bürger.

Und sein Verhältnis zur Sklaverei? Bei seinen ersten Kontakten auf der Insel Santa Catarina ist er über ihr Schicksal empört. Dass sollte sich aber schnell ändern. Nach seiner Ernennung zum Generalkonsul in Rio de Janeiro und nach dem Kauf seiner Fazenda Mandioca macht er eine 180-Grad-Kehrtwende: Jetzt braucht er billige Arbeitskräfte und rechnet sich genau aus, wie schnell sich der Kauf eines Sklaven amortisiert. Kranke oder Aufsässige werden rücksichtslos verkauft und afrikanische Neuankömmlinge mitleidlos mit seinem Wissenschaftlerblick „seziert". Dass die Schwarzen auf der Schiffspassage Rio – Santos täglich nur zwei einfache Mahlzeiten bekommen und die Passagiere raffinierte äußerst üppige Menüs, versteht sich. Er ist ein Gegner der Rassenmischung von Weißen und Schwarzen und für deren Assimilierung, der afrikanische Kontinent ist doch noch gar zu rückständig und roh.

Die Klassenunterschiede zwischen den aristokratischen Grundbesitzern und den einfachen brasilianischen Familien, besonders den Neuankömmlingen, scheinen ihn nicht zu stören, jedenfalls fallen keine kritischen Bemerkungen, auch nicht zu der Unmöglichkeit, untereinander zu heiraten. Die Juden werden von ihm ausgegrenzt. Dabei warnt er besonders vor Kreditgeschäften mit jüdischen Händlern.

Bei den Indianern ist sein Urteil gespalten: Er hält viele ganz einfach für Räuber und spricht sich gegen ihre vom Kaiser gewährte Freizügigkeit aus. Andererseits ist er gegen ihre Ausrottung und empfiehlt - wie bei den Schwarzen - ihre Assimilierung. In dieser Beziehung ist er ein moderner Mann, ganz in Übereinstimmung mit der aktuellen deutschen Leitkulturdebatte der Konservativen, die ja auch kein „Multikulti" dulden, sondern weitgehende Anpassung verlangen.

Ein wirklicher Universalgelehrter, ja das war er, da hat Becher völlig recht und das zeigen auch unsere Expeditionsbeschreibung und deren Ergebnisse. Aber er war viel mehr, das beweisen seine Ratschläge für die brasilianische Regierung, zum Beispiel seine Vorschläge, die

Hauptstadt aus Rio de Janeiro nach Minas Gerais zu verlagern und dort eine Universität zu gründen. Sein Wunsch, ganz so wie der großartige Alexander zu werden, hat sich also in dem Sinn erfüllt, wenn er natürlich auch im Gegensatz zu Humboldt lange Jahrzehnte unbekannt geblieben ist. Als Wissenschaftler und als Visionär also ein Großer! Das scheinen aber seine brasilianischen Nachbarn nicht ganz zu verstehen: Sie nennen ihn prosaisch *Administrator dos passerinhos e bichos (Verwalter der Vögel und Insekten)* oder unter Anspielung auf seine botanischen Sammlungen *homem de capim (Grasmann)* (27).

Und der Mensch Langsdorff? Der muss natürlich vor dem Hintergrund des 19. Jahrhunderts beurteilt werden, da helfen unsere Wertmaßstäbe nicht weiter. Die eigene Identität gilt damals noch viel mehr als heute, man fühlt sich den Eingeborenen in Lateinamerika oder Afrika haushoch überlegen. Kulturelles Entgegenkommen oder Anpassung kommen damit nicht in Frage. Im Gegenteil, man grenzt sich ab, fürchtet jede Vermischung und tabuisiert Grenzüberschreitungen. Selbst wenn der „Andere" im Rousseauschen Sinn als *Entsprechung des ehemals Eigenen, als eine evolutionäre Frühform* (28) gesehen wird, wenn man an den Mythos des glücklichen Wilden glaubt. Aber ganz besonders, wenn man den ursprünglichen Zustand wie Darwin als unmoralisch und animalisch ansieht. Langsdorff ist damit eher auf der Darwinschen Seite anzusiedeln, er will ja Indianer und schwarze Sklaven durch Assimilierung „hochziehen" und gleichzeitig vermeiden, dass Weiße durch Rassenmischung degenerieren. Ein Vorläufer Arthur de Gobineaus, das ist der Baron. Gobineau ging ja genau von dieser These zur Rassenmischung in seinem „Essai sur l'inégalité des races humaines" (29) aus.

Aber immerhin: Der Baron ist damals schon für die Assimilierung der Indianer und schwarzen Sklaven. Rund vierzig Jahre später dagegen werden sie in sogenannten „Zoos humains", in Menschen-Zoos, in Paris und anderen europäischen Metropolen ausgestellt. Auch in Hamburg durch den berühmten Zirkusunternehmer Hagenbeck. Die „Wilden" werden damals animalisiert, sie scheinen auf der Grenze zwischen Tier und Mensch zu stehen und werden für bestialisch und dumm gehalten. Der Abgrund zwischen „Uns" und „Ihnen" könnte nicht tiefer sein, das machen schon die Gitter zwischen dem Publikum

und den „Sauvages" deutlich. Die Massen strömen zu den Ausstellungen, in Paris werden zwischen 1877 und 1912 allein dreißig ethnographische Shows gezeigt. Der exotische und der erotische Stachel der häufig halbnackt oder sogar nackt präsentierten „Wilden" ist einfach zu groß. Und: man fühlt sich absolut überlegen und für völlig berechtigt, diese Kreaturen zwischen Mensch und Tier zu kolonisieren. Man sonnt sich im Glanz der mächtigen Kolonialländer. Keine Spur von Kritik an dieser Haltung in der Presse. Im Gegenteil, die Anthropologen benutzen das in den „Zoos humains" angebotene Menschenmaterial für ihre wissenschaftlichen Messungen und Untersuchungen. Erst mit dem 1. Weltkrieg und dem Einsatz von Kolonialtruppen in Europa ändert sich das Bild: Die Nützlichkeit der „Sauvages" hat sich erwiesen. Ihnen wird nun das Menschsein – natürlich auf der untersten Skala – zuerkannt. Zivilisierung, Assimilierung heißt von nun an die Devise. Die Zoos werden durch sogenannte „Villages nègres" abgelöst, die die Schwarzen oder Indianer in ihrem natürlichen Lebensraum präsentieren. Die Rückkehr zum „bon sauvage" ist getan!
Die „Villages nègres" verlieren dann etwa ab 1930 mit Aufkommen des Films und mit zunehmender Assimilierung der „Wilden" an Attraktiviät (30).

Kurioserweise halten sich die ehemaligen Kolonisierten heute bei uns in Europa zunehmend als Minderheitsgruppen auf und entfachen immer wieder die Leitkulturdebatte, die dann schnell zu um so festerer interkultureller separatistischer Abgrenzung führt.

Insgesamt gesehen war der Baron ein Mann seiner Zeit, damals waren sein Klassenbewusstsein und sein autoritäres Verhalten, auch seine kritische Einstellung zu jüdischen Geschäftleuten ganz einfach normal. Sicher auch seine Haltung Frauen gegenüber. Wenn er auch mit seiner Einschätzung von Indianern und Schwarzen seinen Zeitgenossen etwas voraus war, wie die „Zoos humains" später mit ihrer Animalisierung der „Sauvages" zeigen.

1995: Remake der Langsdorffschen Expedition

Die wirklichen Indianer leben im Museum (1)
(Olaf Nicolai, Künstler und Teilnehmer des Remake)

Man merkt, dass Sie noch nicht lange in Sao Paulo leben, lächelt mich die junge und attraktive Leila Florence verschmitzt auf meine fassungslose Frage an, ob es denn nicht viel zu gefährlich sei, die Originale ihres Urgroßvaters Hercule Florence in ihrem Haus aufzuhängen. *Hier ist das viel sicherer als in einem brasilianischen Museum,* fährt sie charmant fort. Immerhin: ihr Einfamilienhaus liegt in einer ruhigen Gegend mitten in dem Wolkenkratzermeer der achtzehn Millionen Metropole Sao Paulo. Und: es verfügt über eine gut funktionierende Alarmanlage!

Die Zeichnungen des brasilianischen Urwaldes und der Indianer faszinieren mich, ganz abgesehen von den schönen Druckvorlagen für das brasilianische Papiergeld, die Hercule Florence ebenfalls entworfen hat.
Leihen Sie mir Ihre Schätze aus? Wir sollten versuchen, eine große Ausstellung zu der Langsdorff-Expedition zu organisieren und die Bilder von Florence, Taunay und Rugendas aus Petersburg auszuleihen.
Klar, dazu gehört auch ein Remake der Expedition auf Langsdorffs Spuren mit zeitgenössischen Künstlern. Nur so können wir einen Vergleich zwischen dem Brasilien von „Gestern" und „Heute" provozieren.
Ein Überfall, keine Frage, aber Leila Florence sagt spontan und begeistert zu. Ja, sie fragt schüchtern: *Nehmen Sie mich auf das Remake mit?* Das versteht sich natürlich von selbst, bei einer „Florence"! Und mündet bei unserem Besuch der Bororo-Indianer in einer denkwürdigen Szene: Leila Florence zeigt den Indios eine Zeichnung ihres Urgroßvaters, eine Szene aus ihrem Dorf. Die Indianer starren völlig verblüfft auf das Bild. Es ist so, als ob sie in einen Spiegel sähen. Nichts, aber auch gar nichts scheint sich bei erstem oberflächlichen Hinsehen in ihrem Dorf zwischen den ausgehenden zwanziger Jahren des 19. Jahrhunderts und dem Ende des 20. Jahrhunderts verändert zu haben. Nur eins: Die von der Regierung kürzlich gebaute moderne

Toilettenanlage ist bereits wieder zerstört, ein Hinweis auf die heutige bedrohte Lage der Indianer, auf ihre Entwurzelung und Unzufriedenheit mit ihrem Gettoleben? Und noch ein Unterschied: Damals sangen die Bororos gratis für Langsdorff, bei uns sollte das eine Kuh kosten. Eine denkwürdige Szene, die unser Dokumentarfilm festhält.

Der erste Schritt ist getan. Bleibt die Frage des Geldes. Dass das Goethe-Budget in keiner Weise ausreicht, ist von vornherein klar. Bleibt das Sponsoring, Sao Paulo ist ja immerhin die größte deutsche Industriestadt im Ausland, wirklich alle wichtigen Firmen sind hier versammelt, von Mercedes über VW bis zu Siemens. In der Handelskammer Sao Paulo schlägt mich mal wieder ein Industriekapitän zum Ritter: *Ihnen helfen wir schon,* meint er schulterklopfend. Und tatsächlich: er nimmt mich mit zu einem Mittagessen im Restaurant der Kammer. Fünfzehn Unternehmer geben sich ein Stelldichein, ich werde neben eine etwa fünfzigjährige sehr gepflegte und lebhafte Dame gesetzt, die sich geduldig meine Langsdorff-Pläne und meine Klage, dass ich noch nicht einmal das Geld für einen Bus hätte, anhört. *Ich bin die Frau des Präsidenten von Mercedes, rufen Sie mich morgen an.* Das Wunder geschieht, am nächsten Tag wird mir der Bus zugesagt, wie so oft beim Sponsoring ohne Vertrag und ohne Details. So bleibt bis zuletzt offen, ob Mercedes auch die Kosten für das Benzin und den Fahrer übernimmt. Bei der ersten Tankstelle komme ich beruhigt aus meiner Deckung, als der Fahrer, ein wild aussehender Indianer, das Portemonnaie zückt und bezahlt. Und das ist bei den Tausenden von Kilometern in dem „Kontinent" Brasilien keine Kleinigkeit.

Hermann Wever, der damalige Präsident von Siemens, soll ein großer Kenner des 19. Jahrhunderts und Sammler von Erstdrucken sein. Bei meinem ersten Besuch bei Siemens muss ich tatsächlich aufpassen, dass ich mich vor ihm nicht blamiere: Er weiß einfach alles über die Forschungsreisenden des 19. Jahrhunderts, und meine Pläne stoßen auf sein Interesse. Ein Problem ist nur das „Staden-Institut", ein kleines brasilianisch-deutsches Kulturinstitut in Sao Paulo, das ehrenamtlich betreut wird und dessen Präsident Wever ist. Ganz so einfach kann er also nicht mit dem Goethe-Institut zusammenarbeiten, er muss auf „Staden" Rücksicht nehmen. Daran kommt er nicht so schnell vorbei. Nach einem Jahr und mehreren Meetings kommt der ersehnte Anruf von Hermann Wever und der Vorschlag, uns im Goethe-Institut Sao Paulo zusammen mit der Leiterin des Staden-Instituts zu treffen. Eine Sitzung im Goethe-Institut, zum ersten Mal, das konnte nur Gutes bedeuten. Und wirklich: Wever sagt 100.000 DM für das Projekt zu. Natürlich nehmen wir „Staden" mit ins Boot. Nach der ersten Projektpräsentation und einiger Originalbilder Monate später ist Wever so begeistert, dass er keine fremden Götter mehr neben sich duldet: Siemens wolle das Projekt allein sponsern, meint er lakonisch. Und was mache ich mit der Mercedeszusage? Absagen, das wäre ja unmöglich. Also bleibt nur, doppelgleisig zu fahren und Siemens jeweils als Hauptsponsoren und Ersten zu nennen. Eine Rechnung, die aufgeht und zu keinen Verstimmungen führt.

Inzwischen ist die Zustimmung der Akademie der Wissenschaften in Petersburg eingetroffen, uns rund achtzig Originale der drei Zeichner und einige Tagebücher von Langsdorff auszuleihen. Der Leiter der Akademie werde sie als Kurier ungerahmt in einer großen Mappe nach Sao Paulo bringen. Und der damalige Bundespräsident Roman Herzog stimmt zu, die Ausstellung während der Deutschen Industriemesse 1995 in Sao Paulo zu eröffnen.

Damit haben wir ein Datum, aber noch kein Museum. Keine Frage, dass nur das beste Museum Lateinamerikas, das MASP, das Museum für Moderne Kunst auf der Avenida Paulista, ins Auge gefasst wird. Der Direktor empfängt mich offen und freundlich, wie so oft in Brasilien geht er auf mich zu. Man merkt, dass ihn das Projekt fasziniert, zumal auch brasilianische Künstler das Remake mitmachen werden, wie zum Beispiel der international bekannte Carlos Vergara. Ich glaube schon, „durch" zu sein, aber da ist ja noch der Termin. Nein, da habe er schon eine chinesische Ausstellung im Programm, meint der MASP-Chef bedauernd, wir müssten ein anderes Datum finden. Einen Bundespräsidenten kann man nicht verschieben, das sieht er natürlich auch. Also muss der berühmt-berüchtigte brasilianische „Jeitinho" her. Ein Kniff, mit dem man die Probleme umdribbeln kann. In unserem Fall ist es ganz einfach: die Chinesen werden nach hinten verschoben.

Als dann alle Zusagen unserer fünf Künstler, der Kuratoren und des Dokumentarfilmteams vorliegen, kann das Remake beginnen (2).

Wie immer sind es Zeit- und vor allem Geldprobleme, die die Reiseroute unseres Remake 1995 der Langsdorffschen Expedition bestimmen und sie einfach kompliziert machen. Wir müssen mit gut zwei Wochen auskommen und uns in der Zeit einen Einblick verschaffen. Dabei suchen wir möglichst viele Berührungspunkte mit der Langsdorffschen Reiseroute. Das gelingt für die Provinzen Sao Paulo, Minas Gerais, Mato Grosso und Mato Grosso de Sul problemlos.

Start ist am 2. April 1995 in Sao Paulo. Unsere Route führt uns zunächst nach Minas Gerais, nach Ouro Preto und Mariana. Soweit deckt sich unser Weg mit Langsdorff, wenn der Baron auch zuerst in Minas Gerais und dann in der Provinz Sao Paulo war. Nach Mariana wählen wir eine nördlichere Route über Diamantina, Brasilia, Pirenópolis, Goiás Velho, Aruana und Itacaiú nach Chapada dos Guimareis. Hier treffen wir wieder auf Langsdorffs Spuren, der ja weiter südlich von Sao Paulo über Porto Feliz, Camapuá in der Nähe von Campo Grande nach Cuiabá und Chapada dos Guimareis vorgestoßen ist. Von Cuiabá geht es dann weiter auf Langsdorffs Fußstapfen ins Pantanal, nach Poconé. Und von dort über Campo Grande und Aracatuba nach Sao Paulo zurück.

Im Grunde folgt die Route des Barons dem Uhrzeigersinn, und unsere Reise geht im Gegenuhrzeigersinn weiter nördlich zum Treffpunkt Cuiabá. Ausklammern mussten wir also die Langsdorffschen Expeditionsteile nach seinem Aufbruch aus Cuiabá Anfang Dezember 1827, die ja über Diamantino nach Santarem und amazonasabwärts nach Belem führten bzw. im Falle von Riedel über Porto Velho östlich von Manaus auf den Amazonas stießen und dann ebenfalls in Richtung Belem weitergingen.

Das sind aber ausreichende Berührungspunkte mit der historischen Route, zumal wir in Aruana auf dem Rio Araguaia eine rund dreitägige Bootsfahrt einbauen. Mit spannenden Erlebnissen. Uns greifen zwar keine Piranhas oder giftige Rochen wie im Falle von Langsdorff an, aber wir machen an einer Sandbank Halt und tauchen wegen der glühenden Hitze in den breiten Strom mit lehmigem Wasser ein, ohne jede Kenntnis, welche Fische und damit welche Gefahren dort lauern.

Die riesigen an Delphine erinnernden Fische, die immer wieder neben uns auftauchen, sind jedenfalls nicht an uns interessiert. Nach stundenlanger Fahrt machen wir am Flussufer Stopp und dringen in die „Mata virgem" ein. Dass hier noch nie Menschen ihren Fuß hingesetzt haben, davon sind wir bei der vollständigen Einsamkeit und scheinbaren Unberührtheit des Waldes überzeugt. Tapfer halten wir die unaufhörlichen Moskitoangriffe und Riesenameisen aus, die sich aus den üppigen tropischen Bäumen auf uns fallen lassen. Die „Pulex penetrans" haben bei unseren guten Schuhen keine Chance, sich unter unseren Fußnägeln einzunisten.

Weit häufiger sind aber die Anzeichen, die auf die ökologische Bedrohung Brasiliens hinweisen. In Aruana erscheint mitten in der Osternacht neben der einfachen Terrasse einer Hafenkneipe ein offener amerikanischer Straßenkreuzer. Der Gigolo am Steuer hat die Musik voll aufgedreht und hält neben der Terrasse. Der bis jetzt eher phlegmatische Kellner stürzt herbei, räumt einige Tische und Stühle weg: Endlich ist der Weg frei, der Prachtwagen kann auf der Terrasse mitten unter den anderen Gästen geparkt werden. Und die laute Automusik übertönt die Chansons des Lokals.

Oder der „Dr. Asfalto" in Sta. Barbara in der Nähe von Mariana in Minas Gerais. Ein Politiker wirbt als „Dr. Asfalto" auf einem Wahlplakat für seine Partei und verspricht mit der asphaltierten Zufahrt zu dem Örtchen:

A Meta
S atisfacao
F uturo
A legria
L iberdade
T urismo
O rganizacao (3)

Ziel der Asphaltierung ist also Zufriedenheit, Zukunft, Freude, Freiheit, Tourismus und Organisation. Was will man mehr, wenn man kein Umweltbewusstsein hat?

Dass der sowjetische Astronaut Juri Gagarin Anfang der sechziger Jahre bei einem Besuch Brasilias glaubt, auf einem anderen Stern zu sein, das wird uns schlagartig bei unserem Besuch der Hauptstadt klar: Jedenfalls macht sich unser Künstler Olaf Nicolai sofort über den Plattenbaustil Brasilias lustig, verständlich bei seiner Ausbildung in der ehemaligen DDR und bei den vielen kollektivierten Haus-Klötzen Brasilias. Dass André Malraux Brasilia in den Sechzigern als *Hauptstadt der Hoffnung* bezeichnet hat und dass der berühmte Architekt Oscar Niemeyer meint, *die Architektur besteht aus Traum, Phantasie, Kurven und leeren Räumen* (4) , das können wir jedenfalls nicht nachvollziehen. Für uns bleibt die Hauptstadt eine seelenlose Retortenstadt, die nichts zu einem besseren Gesellschaftsmodell und zu mehr Gleichheit beiträgt. Im Gegenteil sind für uns die wild wuchernden Trabantenstädte rund um Brasilia viel menschlicher. Ein weiteres Beispiel für die aktuelle Bedrohung Brasiliens.

Ganz zu schweigen von dem geplanten Wasserkraftwerkprojekt Belo Monte, das nach Ansicht des dort lebenden Bischofs Erwin Kräutler Amazonien den letzten Dolchstoß geben wird. Bis 2015 soll hier das drittgrößte Wasserkraftwerk der Erde am Rio Xingu fertig werden. Und das mitten im Amazonasgebiet, der Lunge der Welt, einer Region etwa so groß wie Westeuropa, mit aber nur achtundzwanzig Millionen Einwohnern. Dass durch diesen künstlichen See von der Größe des Bodensees zahlreiche Indianerstämme vertrieben werden, kümmert wenige, auf jeden Fall noch nicht einmal den Papst, der auf den Bericht seines Bischofs Kräutler erst gar nicht geantwortet hat. Auch die heutige Präsidentin Dilma Rousseff, eine frühere Guerillera bleibt still (5).

„Die wirklichen Indianer leben im Museum" (6) meint Olaf Nicolai, einer unserer Künstler des Remake 1995. Und wirklich: Die von uns besuchten Bororos in Mato Grosso sind in ihrer Wartehaltung wie paralysiert: Der beeindruckend bemalte uralte Dorfälteste kennt nur eins: seine Klagen. Sie seien von der Regierung aufgegeben, sie hätten viel zu wenig Häuser, keinen Krankenwagen, niemand kümmere sich wirklich um sie. Also wartet man auf Hilfe und tut erst einmal nichts. Oder doch: die Bororos verlangen für unseren Besuch ein Monatsgehalt von 800 Reais, einen Toyota-Jeep und 10.000 Liter Dieselöl. Die

von uns gekaufte Kuh für ihr Fest am nächsten Tag tut es dann auch. Allerdings nicht für Gesänge vor laufender Kamera, dafür verlangen sie eine zweite Kuh. Die verweigern wir, und die Bororos lehnen es daraufhin lautstark ab, für unseren Film zu singen.

Die Carajá Indianer in Aruana am Araguaia-Fluss treiben es dann auf die Spitze: Ihre Besuchszeiten sind klar festgelegt, von montags bis freitags und zwar von 9.00 bis 18.00 Uhr. Dass der Salesianer-Pater Lunkenbein 1976 von Grundbesitzern in der Salesianer Mission in Mato Grosso ermordet worden ist, als er die Grenzen des Bororo-Reservates absteckte, zeigt die prekäre Situation der Indios.

Unser Künstlerteam besteht aus zwei Deutschen, zwei Brasilianern, einem Russen und einem in den Niederlanden lebenden deutschen Komponisten, der das Florencesche Soundscape mit dem aktuellen Klangbild Brasiliens konfrontiert. Vervollständigt wird die Gruppe von einem Regisseur und einem Kameramann, sowie den Kuratoren für den historischen Teil, den Kunsthistorikern und Rugendas-Spezialisten Maria de Fátima Costa und Pablo Diener, beide Professoren an der Universität von Cuiabá

Schnell stellt sich heraus, dass **Carlos Vergara**, der mehr als zwanzig Jahre älter als seine Kollegen ist, sich zum ruhenden Pol der Expedition entwickelt. Eine Stellung, zu der ganz sicher auch seine künstlerische Technik beiträgt und über die Vergara überhaupt keine Zweifel hat. Sein Verfahren erinnert an Versteinerungen: Vergara präpariert den Boden für seine Abdrucke großflächig , etwa 217 x 185 cm oder 185 x 421 cm und bedeckt die Stelle mit feuerroten Farbpigmenten. Die Palmwedel, die er dann im Indianerdorf Carajá wie beim indianischen Hausbau darüber legt, erhalten ebenfalls eine entsprechende Pigmentschicht. Mit Hilfe einer adhäsiven Leinwand erhält Vergara dann seinen fossilen Abdruck, der besonders im Fall des Indianerdorfs wie ein Schutzgeist des Ortes dessen naturverbundene Lebensweise sichert. Ein Schutz, der bei der heutigen Bedrohung der Indianer und des Bodens durch die extensive Landwirtschaft, wie zum Beispiel den Sojaanbau, mehr als notwendig ist.
Die entstandenen großformatigen Bilder erinnern an gigantische Fingerabdrucke, an Land-Art. In Städten wie Diamantina wendet Vergara

seine Technik auch auf dem Straßenpflaster an. Die so entstehenden fossilen Metaphern verfremden die Realität und tragen den Betrachter zurück in die Zeiten, in denen die Natur noch unberührt und die Indianer noch nicht von Europa beeinflusst waren. Blitzartig wird klar, dass der brasilianische Landschafts- und der Lebensraum der Indianer heute aufs höchste bedroht sind. Dabei bleibt zu hoffen, dass das 19. Jahrhundert nicht idealisiert wird und dass die damaligen Probleme Brasiliens wie die Sklaverei, die Stellung der Frau oder Hygiene und Krankheiten nicht übersehen werden.

Dass Carlos Vergara Autodidakt ist, passt zu seiner bodenständigen Technik und zu seinem Bildatlas der brasilianischen Landschaft. Er gehört heute zu den größten brasilianischen Künstlern mit zahllosen Ausstellungen in Berlin (2006), Madrid (2007), New York (2010), Valencia (2010) und auf der 29. Bienale in Sao Paulo 2010. Verständlich, dass der Mercedes-Präsident aus Sao Paulo nach unserer Expedition das Bild aus dem Indianerdorf Carajá kaufen will. Als Vergara allerdings dafür einen brandneuen Mercedesjeep verlangt, streicht der Autoboss resigniert die Segel.

Der russische Fotograf **Anatoli Juravlev** - mit einem Standbein in Berlin und einem in Moskau - bearbeitet historische Bilder und konfrontiert sie dabei häufig mit dem Medium Fotografie. Die Expedition regt ihn dazu an, fünf grandiose Landschafts-Zeichnungen mit üppiger tropischer Vegetation von Johann Moritz Rugendas mit einer Polaroid-Kamera abzufotografieren, drastisch auf ein Format von 170 x 140 cm zu vergrößern und die gräulich-aschfarbenen Originale blau einzufärben. Eine dreifache Verfremdung, die im Betrachter wieder die Erinnerung an die „jungfräuliche Natur" als radikales Gegenbild zu der heutigen Industriegesellschaft aufruft. Ganz abgesehen davon, dass es damals noch keine Fotografie gab und Juravlevs Arbeiten damit als „Unmögliche Fotografien" erscheinen, wie er sie einmal treffend nannte.

Diese neue Lektüre der Rugendaschen Zeichnungen rütteln den Zuschauer auf und zwingen ihn zum Mitdenken des aktuellen Kontextes, der Bedrohung des brasilianischen ökologischen Gleichgewichts und der Indianer. Doch gerade das plakative Blau bewahrt das Publikum vor der Verzauberung und Romantisierung des brasilianischen 19. Jahrhunderts – im Rousseauschen Sinn als Paradies des glücklichen

Wilden. Ganz besonders wenn er weiß, dass zum Beispiel in der wunderschönen Arbeit Juravlevs „Uma Floresta Virgem em Mangaratiba na Provincia do Rio de Janeiro", die eine tropische Waldszene Rugendas' mit vier Riesenbäumen und zwei Flamingos im Vordergrund zeigt, die Flamingos irrtümlich eingezeichnet worden sind, entweder von Rugendas selbst oder von den Künstlern, die seine Zeichnung später als Steindruck bearbeitet haben. In diesem Landschaftsraum kommen diese rosa Stelzvögel mit ihren langen Beinen und Hälsen gar nicht vor. Aber spätestens den künstlerischen Bearbeitern geht es weniger um die wissenschaftliche Dokumentation als um die schöne Wirkung. Kein Wunder, dass die „Malerische Reise nach Brasilien" von Rugendas auf Kritik stößt. Der Brasilienreisende Martius hält nicht nur den Text für fehlerhaft, sondern ist überzeugt, dass die Dokumentation nicht im Vordergrund steht, sondern das gefällige Arrangement (7).

Die zahlreichen Einzel-Ausstellungen Juravlevs fanden beispielsweise in Berlin, Turin, Moskau, Sankt Petersburg, Leipzig und Köln statt. Ganz zu schweigen von den Gemeinschaftsausstellungen in drei Kontinenten.

Olaf Nicolai ist in Halle geboren und hat in Chemnitz und Leipzig Germanistik studiert. Seine anschließende Arbeit als bildender Künstler ist äußerst erfolgreich verlaufen: Seit Anfang der neunziger Jahre ist er mit seinen Arbeiten an praktisch allen interessanten Orten des heutigen Kunstgeschehens präsent. Auf der Documenta X zum Beispiel oder auf den Biennalen von Venedig 1998 und 2005. Dass er zahlreiche Stipendien und Preise erhielt, versteht sich. Etwa für die Villa Massimo in Rom oder den Bremer Kunstpreis 1999.

Auf der Expedition 1995 durch Brasilien sammelt er unermüdlich für sein Herbarium möglichst seltene Pflanzenarten. Die interessantesten Pflanzen ritzt er auf acht Glasscheiben (32 x 39 cm) ein. Diese Glasscheiben stehen links und rechts in einem rot ausgekleideten offenen Schrankkoffer. In der Mitte zwischen den je vier Ornament-Scheiben steht eine tropische Phantasieblume in einer Vase ohne Wurzel. Darunter befinden sich in ganzer Kofferbreite zwei Schubladen, mit Teppichen, auf die geometrische Körperbilder der Indianer gedruckt sind. Seine Pflanzenskizzen stellt Nicolai an den Wänden des Raumes aus, in dessen Mitte der Objektkoffer steht.

Wieder trifft den Betrachter die Verfremdung, diesmal auf zahlreichen Ebenen: Die Pflanzen auf den Scheiben sind zu Ornamenten erstarrt und können wie bei indonesischen Schattenspielen auf eine Wand projeziert werden. Die Blume existiert nicht in der Natur, sie ist ein Phantasieobjekt des Künstlers und ist darüber hinaus entwurzelt. Die Teppiche enthalten Motive aus Körperbemalungen der Borroro-Indianer, die diese nur noch mit didaktischem Material der „Funai"(8) rekonstruieren können. Und der ambulante Objektkoffer stellt alles aus, alles ist künstlich wie die Indianerreservate. Wohin fliegen die Teppiche mit uns? Aus der Wildnis in die erstarrte Natur, in den bedrohten aktuellen Lebensraum Brasiliens und seiner Indianer?

Dass für Olaf Nicolai ganz nach dem amerikanischen Soziologen Jeremy Rifkin *die Produktion von Kultur die letzte Stufe des Kapitalismus ist, dessen wesentliche Triebkraft es von jeher war, immer mehr menschliche Aktivitäten für das Wirtschaftsleben zu vereinnahmen* (9), das muss ich bitter lernen, als mir Olaf Nicolai den ambulaten Koffer nach der ersten Ausstellungsstation in Sao Paulo wegnimmt, um ihn Kathrin David, der damaligen Kuratorin der Documenta, vorzustellen. Mit Erfolg, wenigstens das. Wie wir auf den Folgestationen der Ausstellung die Objekte des Koffers weiter präsentieren, danach hat Olaf Nicolai bis heute nicht gefragt. Offenbar aber auch mit Erfolg, denn es gab keine Publikumsproteste, das ja den Vergleich mit dem Original durch den Katalog hatte.

„Lugar de Ilusoes", „Ort der Illusionen", einen treffenderen Titel hätte der Brasilianer **José Fujocka Neto,** der Benjamin unserer Gruppe, der gerade sein Malstudium abgeschlossen hatte, nicht finden können: Sein geschlossener Installationsraum von 400 x 530 x 270 cm in Form einer Kapelle gewährt nur ganz begrenzte Einblicke, zum Beispiel durch kleine runde Löcher oder durch einen Schlitz in Form des Kreuzes der Salesianer-Mission in Mato Grosso, die wir besuchen, um uns dort mit Bororo-Indianern zu treffen.

Und wie das Kreuz schon vermuten lässt, wird unser Blick im Inneren der Kapelle auf die brasilianischen Sekten fokussiert und auf ein zweites überraschendes Thema: die Goldsuche. Beide Motive werden durch fotojournalistische Register repräsentiert. Oder ist die Überraschung nicht ganz so groß? Religion und Gold, beide haben mit Wünschen, verlockenden Träumen, mit Versprechen, aber auch mit nicht erfüllten Erwartungen und Hoffnungen, ja mit Zerstörungen zu tun. Religion als Flucht aus der Realität, als Abschied von den katholischen Barockkirchen und Rückzug in die Sektentempel begleitet bei Fujocka die Goldsuche, die gigantische Wanderungsbewegungen auslöste, ganze Landstriche zerschlug und viele „Garimpeiros" ruinierte. Und die verwüstende Kraft des Goldes hält an, ganz wie zu Langsdorffs Zeiten. Ein Grund mehr, um Schutz in den Sektentempeln zu suchen?

Der „Peepshowcharakter" der Installation trägt zur Verfremdung bei: Der Blick des Beobachters wird zwar scharf auf die beiden Themen Religion und Gold konzentriert, aber die damit verbundenen Erwartungen erscheinen eher als unerreichbar, als irreal. Auch bei Fujocka bleiben die Menschen und die Landschaftsräume bedroht. Nicht nur ihre Werte scheinen aufgegeben, sondern die Natur ist zerstört.

Anders als „Zoophonia" ganz im Kielwasser von Hercule Florence will der deutsche Komponist **Michael Fahres** seine Klanginstallation, sein Soundscape Brasiliens, das das Klangbild dieses Landes aus dem beginnenden 19. Jahrhundert mit dem des ausgehenden 20. Jahrhunderts verbindet, nicht nennen.
Fahres hat nach Studien der Germanistik, Theaterwissenschaft, Musik und Philosophie Komposition studiert und lebt seit 1973 in den Niederlanden. Erst von 1976 bis 1998 als Direktor des Zentrums für elektronische Musik „CEM", heute als freier Komponist und Mitarbeiter des holländischen Rundfunks NPS in Utrecht.

Seine „paisajem sonora" Brasiliens zwischen gestern und heute geht auf Hercule Florence zurück, auf dessen „Zoophonia", in der Florence als einer der ersten mit einer Notenschrift und mit Beschreibungen vor allem die Vogelstimmen, aber auch andere Tiergeräusche während der Langsdorff-Expedition festgehalten hat. Fahres erstellt bei dem Remake 1995 ein Soundscape des aktuellen Brasiliens, komponiert später im Computer die Florencesche Fassung nach und baut beides in seine Klanginstallation „Zoophonia" ein. Ein purpurroter großer Umgebungsraum von rund 100 Quadratmetern mit einer 4,40 m hohen und 1,40 m breiten grün angestrahlten Klang-Lichtsäule in der Mitte, die zwischen Decke und Boden schwebt: der Raum im Raum, der „Greenroom", der an einen Riesenbaumstamm erinnert und als Zeitfenster zu Florence und seiner Vertonung führt. In dem purpurfarbenen Umgebungsraum wird das Klangbild 1995 präsentiert, das Fahres „Fenix" nennt. Seine Bearbeitung „Fotos" der Zoophonie von Florence, die sechzehn Vogelstimmen und sechs andere Tiere umfasst und die stummen Zeichnungen aus dem 19. Jahrhundert zum Sprechen bringt, bietet einen reizvollen Kontrast.

Ein Vergleich zwischen gestern und heute, der das Publikum wieder über die entsprechenden Veränderungen und Bedrohungen nachdenken lässt.

Anatoli Juravlev könnte man mit seinen großformatigen Landschaftsfotos, den „Unmöglichen Fotografien", als den Geografen des Remake 1995 sehen, Carlos Vergara mit seinen an Versteinerungen erinnernden Bodenabdrücken als den Geologen, Olaf Nicolai mit seinem Herbarium als den Botaniker, Michael Fahres mit seinen Tierstimmenaufnahmen als den Zoologen und José Fujocka Neto mit seiner Kapelle als den Philosophen. Ein Hinweis auf die grundverschiedenen Techniken, die die Künstler verwendet haben. Und trotzdem: bei allen steht am Schluss die ökologisch-soziale Problematik Brasiliens, die Zerstörung der Natur und die Bedrohung des Lebensraums der Indianer. Besonders bei Fujoka kommt die Entwurzelung der Menschen, der Verlust ihres Wertesystems hinzu.

Brasilien als „Fest für das Leben", so nannte Hemingway einmal Paris, das kann der Besucher unserer Ausstellung nicht finden. Es geht eben nicht um eine Hochglanz-PR-Aktion, um die Aneinanderreihung von Wikipedia-Klischees. Nicht um Nostalgie und Illusion, darum, ob dieses Brasilien zum nächsten Urlaub passt. Nein, das Publikum wird gezwungen, die Sightseeing-Haltung aufzugeben und sich Brasilien zu stellen.

Dazu trägt eine dreifache Brechung bzw. Spiegelung bei: der Vergleich der historischen Bilder mit den Kunstwerken aus dem Remake 1995, die Verfremdung innerhalb der aktuellen Arbeiten und die Lektüre des Reiseberichts der Expedition 1995 „Nas Trilhas de Langsdorff" in dem Katalog, der die Unterschiede zwischen Europa und Brasilien akzentuiert. Eine Dreifachspiegelung also, die das Publikum sicher auch davor bewahrt, das Brasilien Langsdorffs als intaktes Paradies zu sehen.

Die Vernissage in Sao Paulo wird zum gesellschaftlichen „Event".
Kein Wunder bei den hochrangigen Sponsoren und bei der Teilnahme des Bundespräsidenten, vielleicht auch wegen der wunderschönen Bilder und des spannenden Themas, das zur Reflexion vor allem über die ökologische Entwicklung Brasiliens in den letzten hundertsiebzig Jahren zwingt. Das Publikum drängt in die große Vorhalle, in der die Reden gehalten werden. Anschließend sollen dann die großen Flügeltüren zur Ausstellung geöffnet werden. Der Druck des nachdrängelnden Publikums wird so groß, dass ich schon vor den Reden die Türen öffnen lasse. Dass ich unfähig sei, muss ich mir dafür von einem Redner anhören, der um seine Hörer bangt. Und dass wir uns vor dem Kadi wiedersähen, meint ein Künstler trocken, natürlich ein deutscher, der noch nicht ganz fertig ist.
Aber die Halle ist im Nu von den nachströmenden Menschen wieder aufgefüllt. Wenig später flüstert mir der Bundespräsident, der von den Massen und vor allem von den Industriekapitänen, Bankdirektoren und Politikern, die unbedingt mit ihm fotografiert werden wollen, gnadenlos von einer Ecke in die andere geschoben wird, zu, er wisse noch gar nicht, wo er eigentlich sei, was die Ausstellung zeige und bedeute. Gerade in dem richtigen Augenblick, in dem uns die Menge vor die „Zoophonia" schiebt. Schnell sind der Bundespräsident und seine Frau in den „Greenroom", die grüne Klang-Lichtsäule mit dem Soundscape von Florence geführt. In diesen „Baumstamm" passen nur wir drei, die anderen müssen draußen bleiben. Erleichtert nimmt sich Roman Herzog ausgiebig Zeit, sich meine Erklärungen anzuhören. Ein Kunstwerk von einem deutschen Künstler des Remake 1995, das will er nun sehen.
Die Wahl fällt auf Olaf Nicolai, auf seinen Objektkoffer und seine diesen umgebenden Pflanzenzeichnungen an den Kojenwänden: Er sei zwar Sonntagsmaler, also quasi Kollege, aber diese Installation verstehe er trotzdem nicht, grommelt Roman Herzog. Zurück bleibt ein zum ersten Mal sprachloser Olaf Nicolai. Dafür reicht selbst seine geschliffene und DDR geschulte Rhetorik nicht aus.

Ja, und dann geht's nach Curitiba, im Süden von Sao Paulo. Die Ausstellung ist wunderbar vom 21. Mai bis 16. Juni 1996 im „Museo Metropolitano de Arte" untergebracht. Das Pressecho ist wieder überwältigend: Hundertzwölf Presseartikel und fünf Fernsehsendungen berichten. Die Schau funktioniert also auch ohne Bundespräsident!

Das „Jornal do Estado" vom 23. Mai 1996 kündigt die Ausstellung auf ihrer Titelseite an: die Konzeption sei intelligent und die Bilder seien noch nie in Brasilien gezeigt worden. Stimmt, denn bis dahin hatte die Petersburger Akademie immer Bedenken, die Werke nicht zurückzubekommen. Die „Gazeta Do Povo" vom 22.Mai 1996 bezeichnet das Projekt auf ihrer Titelseite als eine der *Hauptveranstaltungen des Jahres, eine gewagte Ausstellung*, die zur Reflexion über das Brasilien von „gestern und heute" einlade. Gewagt wohl deshalb, weil der Gazeta nichts Positives über die gemachte Entwicklung in den rund 170 abgelaufenen Jahren einfiel. Und das „Jornal do Estado" vom 25. Mai 1996 greift die Ausstellung noch einmal auf und empfiehlt sie als *das Beste für das Wochenende*. Die „Folha de Londrina" vom 21. Mai 1996 geht noch weiter und erklärt sie sogar zur *bedeutendsten Ausstellung des Jahres*.

Und der Katalog? Der ist für den „Estado do Parana" vom 12. Mai 1996 ein mitreißendes *Kunstwerk* (10). Da verwundert es dann auch nicht, dass der historische Teil des Projektes den Paulistaner Kunstkritikerpreis 1996 als beste historische Untersuchung erhält und dass der Katalog sehr schnell in dritter Auflage erscheint. Auch deshalb, weil er von den Kultur- und Schulbehörden für den Unterricht an Universitäten und Schulen aufgekauft wird, im Raum Curitiba werden allein 1823 Kataloge verteilt (11).

Und die weiteren Ausstellungsorte? „Die Galeria Athos Bulcao" in Brasilia und die „Casa Franca-Brasil" in Rio de Janeiro. *Wieviel Geld benötigen wir für den Eröffnungs-Cocktail in Brasilia?* fragt mich kurz vor der Vernissage Hermann Wever, der Siemenspräsident Brasiliens und Hauptsponsor des Projektes. Über meine bescheidene Antwort kann er noch nicht einmal lächeln. *Sie organisieren wie gewohnt alles, den Cocktail übernehmen wir,* meint er kurz angebunden. Und der kann sich sehen lassen: Hübsche Hostessen in Miniröcken kümmern sich um die eintreffenden Gäste, zu denen natürlich vor allem die Politiker und Diplomaten Brasilias gehören. Serviert wird ein opulentes Menu mit mehreren Gängen, das freilich im Stehen eingenommen wird. Champagner und vor allem Whisky werden großzügig ausgeschenkt, so wichtig ist eben die Politprominenz!

Das Langsdorff-Projekt im Rahmen der Auswärtigen Kulturpolitik

Es geht der Auswärtigen Kulturpolitik immer darum, ob der Nutzen
der Bundesrepublik vermehrt oder ob ihr Schaden zugefügt wird (1)
(Franz Josef Strauss, Politiker der CSU)

Gut, unser Vergleich zwischen dem Brasilien des beginnenden 19.
Jahrhunderts und des ausgehenden 20. Jahrhunderts konzentriert sich
vor allem auf die ökologisch-wirtschaftliche Entwicklung und wird
mit künstlerischen Mitteln ausgelöst. Handelt es sich damit um eine
Einmischung in die inneren Angelegenheiten Brasiliens? Hatte Franz
Joseph Strauss doch mit seiner „Filippica" recht, mit der er am 12. Juni 1986 die Regionalbeauftragten, den Vorstand und die Abteilungsleiter des Goethe-Instituts in München auf Linie bringen wollte? Die
Rede lautet:
Braucht die Auswärtige Kulturpolitik der Bundesrepublik Deutschland
aus Sicht der CSU eine Wende oder besser: eine Kurskorrektur?
Die Antwort ist ein eindeutiges Ja. Es geht in der Auswärtigen Kultur-
politik immer darum, ob der Nutzen der Bundesrepublik Deutschland
vermehrt oder ob ihr Schaden zugefügt wird. ... Die hellen und festli-
chen Farbtöne, mit denen die DDR ihr Land im Ausland malt, werden
auf Dauer erfolgreicher sein als die düstere Götterdämmerungspalette
der Bundesrepublik Deutschland. ... Angesichts dieser sich verschär-
fenden Wettbewerbssituation zur DDR können wir es uns keinesfalls
erlauben, die Auswärtige Kulturpolitik der Bundesrepublik Deutsch-
land der internationalen Kulturschickeria als Spielwiese freizugeben
... (2)

Bei unserem Langsdorff-Projekt geht es eben nicht um die Hoch-
glanzpostkarte Deutschland, sondern um die ökologische Entwicklung
Brasiliens, die partnerschaftlich von Deutschen, Brasilianern und -
wenn man den historischen Teil mitsieht – von Franzosen mit künstlerischen Mitteln beschrieben wird. Dass es lange nicht immer um die
Selbstdarstellung Deutschlands geht, dass man dem Nutzen Deutschlands auch durch die partnerschaftliche Erarbeitung eines Themas wie

der ökologischen Entwicklung Brasiliens gerecht werden kann, das ist für Politiker vom Schlage eines Franz Josef Strauss unverständlich, ja unvorstellbar.

Worum es bei einem erfolgreichen Projekt geht, ist die partnerschaftliche Zusammenarbeit und die gemeinsame Definition von Themen, die für das Gastland und Deutschland relevant sind. Selbstverständlich darf das Projekt nicht bereits von anderen Institutionen durchgeführt werden, und ist hohe Qualität Voraussetzung. Im Idealfall treten hinzu: die Nachhaltigkeit des Projektes wie in unserem Fall durch eine Tournee-Ausstellung, einen Katalog, die CD der Klanginstallation und einen Dokumentarfilm sowie die Rückführung nach Deutschland und Europa, die uns nur mit der „Zoophonia" gelungen ist, die 2001 im Historischen Museum in Berlin wie auch in Südfrankreich gezeigt werden konnte.

Drei entscheidende Schritte umfasst die Projekt-Durchführung: die Information der Medien, die anschließende Arbeit hinter geschlossenen Türen und die Projektvorstellung nach seiner Fertigstellung, in unserem Fall durch Ausstellung, Katalog, CD und Dokumentarfilm. Dass es bei dem Deutschlandbild nicht um ein *ausgewogenes, umfassendes und wirklichkeitsnahes* Bild (3) gehen kann, versteht sich von selbst, denn wer hätte denn schon mal einen Langsdorff „ausgewogen"? Nur die Summe der Projekte kann sich dem annähern. Das gilt auch für die neuerdings erhobenen Forderungen nach einem *weltoffenen, zukunftsfähigen und sympathischen* Deutschlandbild (4).

Kurzum, unser Projekt wäre in der **„Rekonstruktionsphase"** der Auswärtigen Kulturpolitik zwischen 1950 und 1966 undenkbar gewesen. Hier steht ganz nach dem Motto „Dekor im Schaufenster der Bundesrepublik" oder nach dem damaligen CDU-Wahlspruch *Keine Experimente* (5) die Hochkultur, die Selbstdarstellung, der Kulturexport und der Status Quo des Gastlandes, der nicht angetastet werden darf, im Vordergrund. Es geht um Vertrauensbildung, Prestige und Rehabilitierung Deutschlands! Nicht auffallen, affirmative Kulturprogramme und keine politische Stellungnahme lautet das Credo.

Für die im konkretistischen Lapidarstil gefangenen Politiker handelt es sich bei der Kultur um die Fassade vor einer versäulten, nicht veränderbaren Realität. Programme wie die Aufführung von Händels „Ode zu Ehren der heiligen Cäcilia" bei der Eröffnung des Goethe-Instituts Rom sind in jenen Jahren keine Seltenheit. Und das bei dem damaligen Misstrauen der Italiener gegenüber der autoritären Kanzlerdemokratie Adenauers und den antiliberalen Zügen in der Bundesrepublik.

Dass die Vergangenheitsbewältigung damals in der Bundesrepublik klein geschrieben wird, man denke nur an das „131er Gesetz" mit seiner Reservierung von 20% der Beamtenstellen für vorher entlassene (NS)-Staatsdiener, verwundert nicht. Auch nicht, dass der Familienminister Würmeling damals die Familie als *Urzelle* und *Ordnungszelle,* ja sogar als *völkische Aufgabe* sieht (6).

Ganz anders dann die „**Reformphase**", die mit Brandt als Außenminister 1966 beginnt und mit Kohls Wahl zum Kanzler 1982 endet. Die Demokratie sei noch längst nicht zu Ende, wir fingen erst richtig an, davon sind die Politiker zunächst überzeugt. Jetzt geht es um den „Erweiterten Kulturbegriff", die partnerschaftliche Zusammenarbeit, den Kulturaustausch und die Weiterentwicklung des Status Quo des Gastlandes.

Ein programmatischer „Salto Mortale", den der Politiker Ralph Dahrendorf 1970 mit seinen „Leitsätzen" einleitet und den das Kabinett 1977 mit fünf Grundsätzen bestätigt und weiterentwickelt. Die Auswärtige Kulturpolitik steht jetzt gleichberechtigt neben den andern beiden Politikfeldern, der Wirtschaftspolitik und der klassischen Außenpolitik. Es wird von einer gemeinsamen deutschen Kultur ausgegangen. Und ganz wichtig, die Auswärtige Kulturarbeit hat sich an den Werten der Außenpolitik zu orientieren, hat sich damit an den Menschenrechten, an Demokratie, an Armutsbekämpfung und natürlichem Ressourcenschutz, an anhaltendem Wachstum und wissenschaftlich-technischem Fortschritt sowie nach der Trennung von Kirche und Staat zu richten. Vorgegeben wird auch die partnerschaftliche Zusammenarbeit und wieder das ausgewogene wirklichkeitsnahe Deutschlandbild.

Dieter Höss singt damals nach der Melodie „Schwarzbraun ist die Haselnuss" sarkastisch und ironisch schwarzbraun sei auch das Auswärtige Amt und schwarzbraun werde sein Richter sein. Ganz so schlimm ist es aber nicht, dafür sorgen schon Ende der fünziger und Anfang der sechziger Jahre die NS-Prozesse wie der „Ulmer Einsatzgruppenprozess", der Eichmannprozess in Jerusalem odcr der „Auschwitzprozess" mit seinen Nachfolge-Gerichtsverfahren in den siebziger Jahren. Und trotzdem: Die Schlussstrichmentalität bleibt weiterhin spürbar, das zeigen schon die Diskussionen um die Verjährung oder um die Gedenkstätten. Die Studentenproteste wollen dagegen nachholen, was 1945 versäumt wurde. Für sie muss eine richtige Entnazifizierung her.

Flankiert werden die Proteste durch die „Erziehung zum Ungehorsam", die Karin Storch bereits 1967 in ihrer Abiturrede fordert: *Demokratie bewusst machen, heißt junge Menschen dazu zu erziehen, kritisch, skeptisch, nüchtern und ungehorsam zu sein. Die Schule soll sie zur Wahrheit erziehen, zur Kritik, zur Offenheit und zum Ungehorsam* (7).

Ein charakteristisches Programmbeispiel ist die Londoner Ausstellung „Art into Society", die 1974 im Rahmen eines deutschen Monats vom Goethe-Institut London im „Institut for contemporary Art" organisiert wird. Der CSU-Politiker, Abgeordnete und Vorsitzende der Enquete-Kommission des Bundestages zur Auswärtigen Kulturpolitik Schulze-Vorberg bezeichnet damals das Staeck-Plakat über Franz Josef Strauss, das ihn mit Metzgerschürze und breitem Messer und der Sprechblase *Entmannt alle Wüstlinge* zeigt, als Hetzplakat. Als der Bundestag und Außenminister Genscher das Plakat ebenfalls kritisieren und Staeck boykottiert wird, solidarisieren sich Böll, Beuys, Lenz und Grass mit ihm und lehnen bis zur Aufhebung des Boykotts ab, Deutschland im Ausland zu repräsentieren.

Die **Konservative Phase"** zwischen 1982 und 1990 steht unter dem Motto „Die Spracharbeit ist das A und O". Sie wird sehr bezeichnend durch den CSU-Abgeordneten Rose im Bayernkurier eingeleitet: *Immer häufiger kommen Beschwerden aus dem Ausland, dass das Deutschlandbild durch die entsandten Referenten in grotesker Weise verzerrt wird. Der Ausländer, der sich von Deutschland ein Bild klas-*

sischer Dichter, Musiker, Denker und Erfinder, ein Bild industriellen und technischen Fortschritts, ein Bild schöner Landschaften und heimatverbundener, trachtentragender Menschen geformt hat, wird plötzlich mit Vertretern der Protestszene, des internationalen Proletarismus und des den dekadenten Spätkapitalismus bekämpfenden Berufsrevolutionismus konfrontiert (8).

Mit einem Wort: Es handele sich beim Goethe-Institut um *subkulturelle Wühlarbeit* (9).

Die für ungefährlich gehaltene Spracharbeit erlebt dann auch eine Renaissance. Aber neben viele klassische Programme wie zum Beispiel in Italien „Goethes Faust auf deutschen Bühnen", die Filmretro „Heimat" oder „Liebe im Artusroman des Spätmittelalters" treten Veranstaltungen mit aktuellem Zeitbezug: In Malmö werden beispielsweise die „Biermösel Blos'n" scharf kritisiert. Ihr Soldaten-Song „Bübchen schwörst du einen Eid, schlüpfst du in ein Mörderkleid" hat selbst in der Mitgliederversammlung des Goethe-Instituts in München ein Nachspiel. Der Vizepräsident fordert energisch, der Malmöer Goethe-Leiter hätte auf die Bühne springen und die Kabarett-Veranstaltung abbrechen müssen. Die hochkarätig mit den bekanntesten deutschen Wissenschaftlern, Journalisten und Künstlern besetzte Mitgliederversammlung aber hüllt sich in Schweigen. Hoffentlich, weil sie den Appell gar nicht erst ernst nehmen (10). Dazu passt dann auch das Statement aus dem Jahr 1987 von Franz Josef Strauss, in dem er mehr Selbstbewusstsein anmahnt. Es sei höchste Zeit, Hitler und das Dritte Reich hinter sich zu lassen und endlich wieder ein normales Land zu werden (11).

Über dem Ende der **„Europäischen Phase"** der neunziger Jahre liegt der Wahlslogan der CDU *Keep Kohl* (12): Mit anderen Worten, „Bleibt cool", lasst alles beim Alten. Genau das tun die Wähler aber nicht, sie wählen Kohl 1998 ab.

Zu *Keep Kohl* passt bereits nahtlos der Aufruf des Außenministers Klaus Kinkel aus dem Jahr 1996, mit der Auswärtigen Kulturpolitik zur Werbung für den Standort Deutschland beizutragen: *Für das ‚Unternehmen Deutschland' sind politisches Gewicht, wirtschaftliche Bedeutung und Ansehen als Kulturnation wichtige Standortfaktoren* (13).

Die Auswärtige Kulturpolitik lässt sich aber nicht erschüttern und setzt sich verstärkt für die europäische Zusammenarbeit unter Wahrung der kulturellen Vielfalt ein. Kein deutscher Sonderweg, kein „Viertes Reich" wird anvisiert, sondern eine zweite Chance, die Überführung der Kulturarbeit von einer Belehrungs- in eine Lernkultur. Verständlich, dass nun Projekte wie die Langsdorff-Veranstaltungsreihe mit ihrem partnerschaftlichen internationalen Aufbau und aktuellen zeitgeschichtlichen Anspruch leichter durchgeführt werden können als in der Rekonstruktions- oder Konservativen Phase. In Italien dreht es sich in der „Europäischen Phase" bei vom Goethe-Institut organisierten Tagungen in der Villa Vigoni um die Perspektiven der europäischen Föderation, um das Europa nach Maastricht zwischen Wirtschafts- und Währungsunion oder um die Frage „Wohin geht Deutschland"? In Richtung *Vereint, doch nicht eins,* wie die „Zeit" titelte (14)?

Für die „**Managementphase**" ab 2000 ist der Aufruf Gerhard Schröders charakteristisch, den er kurz vor den 98er Wahlen und seiner Übernahme der Kanzlerschaft abgibt: *Wollen wir kraftvolle Führung oder behäbiges Aussitzen? ... Manchen klingt ‚Berlin' immer noch zu preußisch-autoritär, zu zentralistisch. Dem setzen wir unsere ganz und gar unaggressive Vision einer ‚Republik der neuen Mitte' entgegen, ... die sich als modernes Chancenmanagement begreift* (15).

Bindend ist die „Konzeption 2000" des Auswärtigen Amtes, in der sich neben den partnerschaftlichen Dialog wieder stärker die Selbstdarstellung schiebt. Ein Ansatz, zu dem die Betonung der Spracharbeit und die Forderung nach einem weltoffenen, sympathischen, zukunftsfähigen Deutschlandbild ganz nach dem Regierungsmotto *Deutschland – Land der Ideen* passt.
Heute soll die Auswärtige Kultur- und Bildungspolitik sogar nachhaltig mithelfen, Deutschlands Platz in der Welt zu fördern, es gehe für Deutschland darum, seinen *Einfluss in der Welt zu sichern und die Globalisierung mitzugestalten.* Ein Aufruf, den das Auswärtige Amt vor dem Hintergrund des Rückfalls Deutschlands durch abnehmende Bevölkerungszahl und nachlassende Wirtschaftskraft formuliert (16): 1950 habe Deutschland nach seiner Bevölkerungszahl weltweit noch an siebter Stelle gestanden, heute nähmen wir Platz 15 ein und um

2050 würden wir auf Rang 26 abfallen. Großveranstaltungen wie Deutschlandjahre im Ausland sollen dagegen steuern. Ein Vorschlag, der die Gefahr des Rückfalls in die kraftstrotzende werbende Selbstdarstellung beinhaltet. Bleibt nur zu hoffen, dass die einige Jahre vor 2011 aufgelegten partnerschaftlichen Programme wie der „Islamische Kulturdialog" nicht auf der Strecke bleiben. Hoffnung gibt dazu das aktuelle entspannte Verhältnis der Deutschen zum Nationalismus. Trotz Slogans wie *Wir sind Papst*, Werbekampagnen wie *Du bist Deutschland* oder der Leitkulturdebatte.

Da müssten doch Programme à la Langsdorff weiter möglich sein.

Abkürzungen und Literaturangaben

Auswärtiges Amt, Konzeption 2000
Kulturabteilung des Auswärtigen Amtes, Konzeption 2000. Berlin 2000

Auswärtiges Amt, Konzeption 2011
Kulturabteilung des Auswärtigen Amtes, Auswärtige Kultur- und Bildungspolitik in Zeiten der Globalisierung – Partner gewinnen, Werte vermitteln, Interessen vertreten. Berlin September 2011

César **Aira, Humboldt**
César Aira, Humboldts Schatten, Novelle. München 2003. Mit einem Nachwort von Ottmar Ette, S. 99 ff.

Nicolas **Bancel, Zoos humains**
Nicolas Bancel u.a. (Hg.), Zoos humains, au temps des exhibitions humaines. Paris 2/2004

Roderick J. **Barman, Journey**
Roderick J. Barman, The forgotten journey: Georg Heinrich von Langsdorff and the Russian imperial scientific expedition to Brasil. 1821-1829. "Terra Incognitae. The Annals of the Society for the history of discoveries", Bd. III. Hanover 1971

Hans **Becher, Langsdorff**
Hans Becher, Georg Heinrich Freiherr von Langsdorff. Forschungen eines deutschen Gelehrten im 19. Jahrhundert. Berlin 1987

D.E. **Berthels**, B.N. Komissarov ua., **Materialien**
D.E. Berthels, B.N. Komissarov ua., Materialien der Brasilienexpedition 1821-1829 des Akademiemitglieds Georg Heinrich von Langsdorff. Berlin 1979

Mario **Carelli, Florence**
Mario Carelli, À la découverte de l'Amazonie. Les carnets du naturaliste Hercule Florence. Paris 1992

Pablo **Diener, Rugendas**
Pablo Diener, Maria de Fátima Costa, Rugendas e o Brasil. Sao Paulo 2002.

Pablo **Diener, Rugendas, Pintor**
Pablo Diener, Maria de Fátima Costa, Juan Mauricio Rugendas, Pintor y Dibujante. Santiago de Chile 1998

Pablo **Diener, America**
Pablo Diener, Rugendas. America de punta a cabo. Rugendas y la A-raucania. Santiago 1992

Enfoque, Langsdorff
Enfoque (Assesoria de Communicacao), Exposicao Langsdorff. Curitiba 1996. Verfolgter Zeitraum: 1.5.1996-27.6.1996. Thema: Medienresonanz auf das Projekt Langsdorff

Enquete Kommission, Schlussbericht
Enquete-Kommission, Schlussbericht der Enquete Kommission "Kultur in Deutschland". Bundestagsdrucksache 16/7000, Berlin 2007

Maria de **Fátima Costa, Bastidores**
Maria de Fátima Costa, Pablo Diener, Viajando nos Bastidores. Documentos de viajem da Expedicao Langsdorff. Cuiabá 1995

Maria de **Fátima Costa, O Brasil**
Maria de Fátima Costa, Pablo Diener, Dieter Strauss, O Brasil de hoje no espelho do seculo XIX. Artistas alemaes y brasileiros refazen a expedicao Langsdorff. Sao Paulo 1995

Michael **Frank, Einflussangst**
Michael Frank, Kulturelle Einflussangst. Inszenierungen der Grenze in der Reiseliteratur des 19. Jahrhunderts. Bielefeld 2006

Joachim **Garbe, Deutsche Geschichte**
Joachim Garbe, Deutsche Geschichte in deutschen Geschichten der neunziger Jahre. Würzburg 2002

Hermann **Glaser, Kulturgeschichte**
Hermann Glaser, Kleine Kulturgeschichte von 1945 bis heute. Frankfurt 2007

Alfons **Hug, Menos Tiempo**
Alfons Hug, Menos tiempo que lugar. El arte de la Independencia. La Paz 2009

KAS, Wahlprogramme
KAS (Konrad Adenauer-Stiftung), Wahlprogramme und –slogans der CDU, http:/www.kas.de/wf/de/718940

Boris **Kossoy, Florence**
Boris Kossoy, Hercule Florence. El descubrimiento de la fotografia en Bresil. Mexiko 2004

Georg H. v. **Langsdorff, Tagebücher**
Georg Heinrich von Langsdorff, Tagebücher 1824-1828. Russische Akademie der Wissenschaften Sankt Petersburg (RAM). Unveröffentlichtes Manuskript. Texte von Dieter Strauss in modernes Deutsch übertragen und verglichen mit:
Danunzio Gil Bernardino da Silva ua (Hg.) Os Diários de Langsdorff. Rio de Janeiro 1997ff. (Brasilianische Übersetzung der Tagebücher)

Georg H. v. **Langsdorff, Bemerkungen**
Georg Heinrich von Langsdorff, Bemerkungen auf einer Reise um die Welt in den Jahren 1803-1807. Bd. 1 Frankfurt 1812

Georg H. v. **Langsdorff, Bemerkungen über Brasilien**
Georg Heinrich von Langsdorff, Bemerkungen über Brasilien. Mit gewissenhaften Belehrungen für auswandernde Deutsche. Heidelberg 1821

William **Luret, Florence**
William Luret, Les trois vies d'Hercule Florence. Edition C.J: Labès 2001

Carl F. Ph. von **Martius, Brasilien-Tagebücher**

Zitiert nach der „Süddeutschen Zeitung" vom 23./24.7.2011 (Wochenende)

Chrisoph **Metzger, Chile**
Christoph Metzger, Christoph Trepesch, Chile y Juan Mauricio Rugendas. Worms 2007

Oscar **Pinochet, Carmen**
Oscar Pinochet de la Barra, Carmen Arriagada. Cartas de una mujer apasionada. Santiago de Chile 1989

Oscar **Pinochet, Amor**
Oscar Pinochet de la Barra, El gran amor de Rugendas. Santiago de Chile 1984

Joachim **Sartorius, In dieser Armut**
Joachim Sartorius, In dieser Armut welche Fülle. Göttingen 1996

Axel **Schild, Deutsche Kulturgeschichte**
Axel Schildt, Deutsche Kulturgeschichte. Die Bundesrepublik 1945 – Gegenwart. München 2009

Friedrich **Sommer, Die Expedition**
Friedrich Sommer, die Expedition Langsdorff. „Deutsche Zeitung" Sao Paulo 24.9.1925

Karl von **Steinen, Indianertypen**
Karl von Steinen, Indianertypen von Hercule Florence. In: Globus Bd. 75, Braunschweig 1899

Stellungnahme der Bundesregierung
Stellungnahme der Bundesregierung zu dem Bericht der Enquete-Kommission Auswärtige Kulturpolitik des deutschen Bundestages. In: Hans Arnold, Auswärtige Kulturpolitik. Ein Überblick aus deutscher Sicht. München 1980

Dieter **Strauss, Goethe**

Dieter Strauss, Diesseits von Goethe. Deutsche Kulturbotschafter im Aus- und Inland. Bonn-St. Augustin 2009

Jaques **Vielliard, Zoophonia**
Jaques M.E. Vielliard, A Zoophonia de Hercule Florence. Cuiabá 1993

Anmerkungen

Georg Heinrich von Langsdorff – der vergessene Brasilienpionier

1. Hans Becher, Langsdorff, S. 61

Eine Ballnacht auf Langsdorffs Landgut Mandioca bei Rio de Janeiro

1. Hans Becher, Langsdorff, S. 24
2. Hans Becher, Langsdorff, S. 24 f.
3. Hans Becher, Langsdorff, S. 21
4. Hans Becher, Langsdorff, S. 20
5. Hans Becher, Langsdorff, S. 20
6. Hans Becher, Langsdorff, S. 21
7. Hans Becher, Langsdorff, S. 21
8. Hans Becher, Langsdorff, S. 22

Das Brasilienbild der Europäer

1. Alfons Hug, Menos Tiempo, S. 267
2. Süddeutsche Zeitung 10.3.2010
3. Sebastian Schoepp, Zweihundert Jahre Einsamkeit.
   Süddeutsche Zeitung, 3.-5.4.2010, S. 15

Ein Leben im Überblick

1. Georg H. v. Langsdorff, Tagebücher, 16.8.26
2. Georg H. v. Langsdorff, Bemerkungen, S. 28
3. Georg H. v. Langsdorff, Bemerkungen, S. 28
4. Georg H. v. Langsdorff, Bemerkungen, S. 49
5. Georg H. v. Langsdorff, Bemerkungen, S. 50
6. Georg H. v. Langsdorff, Bemerkungen, S. 62 ff.

7. Georg H. v. Langsdorff, Bemerkungen, S. 66
8. Georg H. v. Langsdorff, Bemerkungen, S. 55
9. Georg H. v. Langsdorff, Bemerkungen, S. 55
10. Georg H. v. Langsdorff, Bemerkungen, S. 31
11. Georg H. v. Langsdorff, Bemerkungen, S. 60
12. Georg H. v. Langsdorff, Bemerkungen, S. 81 f.
13. Georg H. v. Langsdorff, Bemerkungen, S. 96
14. Georg H. v. Langsdorff, Bemerkungen, S. 122
15. Georg H. v. Langsdorff, Tagebücher, 27.9.1826
16. Hans Becher, Langsdorff, S. 4
17. William, Luret, Florence, S. 104
18. Carl F. Ph. von Martius, Brasilien-Tagebücher, S. V 2/6
19. Carl F. Ph. von Martius, Brasilien-Tagebücher, S. V 2/6
20. Süddeutsche Zeitung 23/24.7.2011, S. V 2/6
21. Georg H. v. Langsdorff, Bemerkungen über Brasilien, S. 63
22. D.E. Berthels, B.N. Komissarov ua., Materialien, S. 34
23. Vgl. Auch William Luret, Florence, S. 113. Interessant ist, dass Luret auf Florence auch in Nizza gestoßen ist, beim Besuch unserer Klanginstallation „Zoophonia" während eines Festivals für zeitgenössische Musik.

Die Brasilien-Expedition 1822-1829

1. Georg H. v. Langsdorff, Tagebücher, 18.5.1825

Exkurs: Johann Moritz Rugendas

1. Pablo Diener, Rugendas, S. 40, übersetzt von Dieter Strauss
2. César Aira, Humboldt, S. 99f.
3. Chrisoph Metzger, Chile, S. 35
4. César Aira, Humboldt, S. 5
5. Pablo Diener, Rugendas, S. 19
6. Christoph Metzger, Chile, S. 19
7. Georg H. v. Langsdorff, Tagebücher, 1.11.1824
8. Georg H. v. Langsdorff, Tagebücher, 2.11.1824, Text u. Briefe im Tagebuch
9. Maria de Fátima Costa, Bastidores, S. 21

10. Maria de Fátima Costa, Bastidores, S. 23
11. Oscar Pinochet, Amor, S. 239
12. Pablo Diener, Rugendas, S. 100, übersetzt von Dieter Strauss
13. Pablo Diener, Rugendas, S. 100
14. César Aira, Humboldt, S. 103
15. Cesar Aira, Humboldt, S. 103f.
16. Christoph Metzger, Chile, S. 22
17. Pablo Diener, Rugendas, Pintor, S. 21
18. Für den Chile-Kenner Oscar Pinochet de la Barra, Carmen, S. 9, ist Carmen Arriagada die beste Brief-Autorin Chiles. Die zitierten Briefstellen Carmens finden sich in dieser Briefsammlung Pinochets unter den angegebenen Daten.
   Einschätzung des Expräsidenten bei Pinochet, Carmen, S. 11
   Das Urteil über Clara Alvarez Condarco erwähnt Pinochet, Amor, S. 252
   Übersetzungen der Zitate: Dieter Strauss
19. César Aira, Humboldt, S. 39
20. Christoph Metzger, Chile, S. 32
21. Christoph Metzger, Chile, S. 32
22. Christoph Metzger, Chile, S. 35.
23. Zu Rugendas Zielen:
   Pablo Diener, America, S. 16. Diener sieht in Rugendas sogar den *Illustrator der Neuen Welt*. Pablo Diener, Rugendas, S. 250
24. Pablo Diener, Rugendas, S. 41.

Exkurs: Hercule Florence

1. Der „Exkurs zu Florence" berücksichtigt vor allem William Luret, Florence, S. 11ff., außerdem:
   Jaques Vielliard, Zoophonia, S. 7.ff., Mario Carelli, Florence, S. 97ff. und Boris Kossoy, Florence, S. 31ff.
   Todesnachricht der "Gazetta" nach William Luret, Florence, S. 284.
   Übersetzt von Dieter Strauss
2. William Luret, Florence, S. 284

Fortsetzung der Brasilienexpedition

2. Georg H. v. Langsdorff, Tagebücher, 14.12.1825
3. Christoph Hasse war Zoologe und Arzt und schied in Porto Feliz aus der Expeditionscrew aus
4. Maria de Fátima Costa, Bastidores, S. 41
5. Georg Heinrich v. Langsdorff, Tagebücher, 2.2.1828
6. Maria de Fátima Costa, Bastidores, S. 16f.
7. Georg H. v. Langsdorff, Tagebücher, 28.12.1825
8. Georg H. v. Langsdorff, Tagebücher, 27.3.1828
9. Georg H. v. Langsdorff, Tagebücher, 17.1.1827
10. Georg H. v. Langsdorff, Tagebücher, 29.3.1828
11. Georg H. v. Langsdorff, Tagebücher, 6.9.1826
12. Maria de Fátima Costa, Bastidores, S. 25
13. Georg H. v. Langsdorff, Tagebücher, 6.4.1828
14. Georg H. v. Langsdorff, Tagebücher, 18.5.1825
15. Georg H. v. Langsdorff, Tagebücher, 19.5.1824
16. Georg H. v. Langsdorff, Tagebücher, 8.7.1824
17. Georg H. v. Langsdorff, Tagebücher, 14.10.1824
18. Georg H. v. Langsdorff, Tagebücher, 6.11.1824
19. Georg H. v. Langsdorff, Tagebücher, 26.11.1824
20. Georg H. v. Langsdorff, Tagebücher, 1.7.1824
21. Georg H. v. Langsdorff, Tagebücher, 23.5.1824
22. Georg H. v. Langsdorff, Tagebücher, 28.9.1824
23. Georg H. v. Langsdorff, Tagebücher, 30.9.1824
24. Georg H. v. Langsdorff, Tagebücher, 8.7.1824
25. Georg H. v. Langsdorff, Tagebücher, 7.10.1824
26. Georg H. v. Langsdorff, Tagebücher, 12.6.1824
27. Georg H. v. Langsdorff, Tagebücher, 18.9.1824
28. Georg H. v. Langsdorff, Tagebücher, 29.10.1824
29. Georg H. v. Langsdorff, Bemerkungen über Brasilien, S. 22
30. Georg H. v. Langsdorff, Bemerkungen über Brasilien, S. 49 und S. 89
31. Georg H. v. Langsdorff, Tagebücher, 20.10.1824
32. Georg H. v. Langsdorff, Tagebücher, 20.10.1824
33 Georg H,. v. Langsdorff, Tagebücher, 5.11.1824
34. Georg H. v. Langsdorff, Bemerkungen, S. 34
35. Georg H. v. Langsdorff, Tagebücher, 5.11.1824

36. Georg H. v. Langsdorff, Tagebücher, 12.7.1824
37. Georg H. v. Langsdorff, Tagebücher, 17.7.1824
38. Georg H. v. Langsdorff, Tagebücher, 19.7.1824
39. Georg H. v. Langsdorff, Tagebücher, 30./31.5.1824
40. Georg H. v. Langsdorff, Tagebücher, 14.2.1826
41. Georg H. v. Langsdorff, Tagebücher, 13.6.1824
42. Georg H. v. Langsdorff, Tagebücher, 20.9.1824
43. Georg H. v. Langsdorff, Tagebücher, 26.9.1824
44. Georg H. v. Langsdorff, Tagebücher, 14.10.1824
45. Georg H. v. Langsdorff, Tagebücher, 24.11.1824
46. Georg H. v. Langsdorff, Tagebücher, 25.10.1824
47. Georg H. v. Langsdorff, Tagebücher, 3.11.1824
48. Georg H. v. Langsdorff, Tagebücher, 12.12.1825
49. Georg H. v. Langsdorff, Tagebücher, 28.12.1825
50. Georg H. v. Langsdorff, Tagebücher, 20.11.1825
51. Georg H. v. Langsdorff, Tagebücher, 29.3.1828
52. Georg H. v. Langsdorff, Tagebücher, 8. – 17.9.1825
53. Georg H. v. Langsdorff, Tagebücher, 25.9.1825
54. Georg H. v. Langsdorff, Tagebücher, 19.4.1826
55. Georg H. v. Langsdorff, Tagebücher, 26.9.1825
56. Georg H. v. Langsdorff, Tagebücher, 27.9.1825
57. Georg H. v. Langsdorff, Tagebücher, 25.4.1826
58. Georg H. v. Langsdorff, Tagebücher, 26.9.1825
59. Georg H. v. Langsdorff, Tagebücher, 12.10.1825
60. Georg H. v. Langsdorff, Tagebücher, 18.10.1825
61. Georg H. v. Langsdorff, Tagebücher, 6.9.1825
62. Georg H. v. Langsdorff, Tagebücher, 18.4.1826
63. Georg H. v. Langsdorff, Tagebücher, 27.6.1826
64. Georg H. v. Langsdorff, Tagebücher, 18.4.1826
65. Georg H. v. Langsdorff, Tagebücher, 5.6.1826
66. Georg H, v. Langsdorff, Tagebücher, 3.11.1825
67. Georg H. v. Langsdorff, Tagebücher, 23.6.1826
68. Friedrich Sommer, die Expedition, Zitiert nach Hans Becher,
    Langsdorff, S. 54
69. Roderick J. Barman, Journey, übersetzt von Dieter Strauss
70. Georg H. v. Langsdorff, Tagebücher, 14.10.1826
71. Georg H. v. Langsdorff, Tagebücher, 1.1.1827
72. Georg H. v. Langsdorff, Tagebücher, 19.12.1826

73. Nach Hans Becher, Langsdorff, S. 52 umfasst die Flotte nur sieben Boote. Nach William Luret, Florence, S. 120 setzt Langsdorff kurz nach dem Start wegen Überlastung der übrigen Boote ein 8. Boot ein

74. Georg H. v. Langdorff, Tagebücher, 5.9.1826
75. Georg H. v. Langsdorff, Tagebücher, 18.7.1826
76. Georg H. v. Langsdorff, Tagebücher, 19. – 23.7.1826
77. Georg H. v. Langsdorff, Tagebücher, 1.4.1828
78. Georg H. v. Langsdorff, Tagebücher, 21.8.1826
79. Georg H. v. Langsdorff, Tagebücher, 9.12.1826
80. Georg H. v. Langsdorff, Tagebücher, 10.12.1826
81. Georg H, v. Langsdorff, Tagebücher, 30.12.1826
82. Georg H. v. Langsdorff, Tagebücher, 7.1.1827
83. Georg H, v. Langsdorff, Tagebücher, 9.1.1827
84. Georg H. v. Langsdorff, Tagebücher, 18.9.1826
85. Georg H. v. Langsdorff, Tagebücher, 11.12.1826
86. Georg H. v. Langsdorff, Tagebücher, 23.12.1826
87. William Luret, Florence S. 133
88. Georg H. v. Langsdorff, Tagebücher, 4.10.1826
89. Georg H. v. Langsdorff, Tagebücher, 10.12.1826
90. Georg H. v. Langsdorff, Tagebücher, 28.8.1826
91. Georg H. v. Langsdorff, Tagebücher, 24.8.1826
92. Gemeint sind die Caiapós.
93. Georg H. v. Langsdorff, Tagebücher, 30.8.1826
94. Georg H. v. Langsdorff, Tagebücher, 14.12.1826
95. Georg H. v. Langsdorff, Tagebücher, 28.12.1826
96. Georg H. v. Langsdorff, Tagebücher, 11.4. – 14.4.1828
97. Friedrich Sommer, die Expedition. Zitiert nach Hans Becher, Langsdorff, S. 58. William Luret, Florence, S. 159, schildert die Szene etwas anders: Bei ihm spielt die Indianerin mit den Goldknöpfen von Langsdorffs Uniformjacke und flüchtet dann mit ihr in den Urwald.
98. Hans Becher, Langsdorff, S. 59
99. Georg H. v. Langsdorff, Tagebücher, 28.12.1826
100. Georg H. v. Langsdorff, Tagebücher, 6.12.1826
101. Georg H. v. Langsdorff, Tagebücher, 2.5.1827
102. Georg H. v. Langsdorff, Tagebücher, 14.10.1826
103. Georg H. v. Langsdorff, Tagebücher, 26.9.1826

104. Georg H. v. Langsdorff, Tagebücher, 2.11.1826
105. Georg H. v. Langsdorff, Tagebücher, 14.10.1826
106. Georg H. v. Langsdorff, Tagebücher, 2.11.1826
107. Georg H. v. Langsdorff, Tagebücher, 19.11.1826
108. Georg H. v. Langsdorff, Tagebücher, 19.11.1826
109. Georg H. v. Langsdorff, Tagebücher, 10.11.1826
110. Georg H. v. Langsdorff, Tagebücher, 22.10.1826
111. Georg H. v. Langsdorff, Tagebücher, 21.10.1826
112. Georg H. v. Langsdorff, Tagebücher, 18.10.1826
113. Georg H. v. Langsdorff, Tagebücher, 14.10.1826
114. Georg H. v. Langsdorff, Tagebücher, 29. – 30.10.1826
115. Georg H. v. Langdorff, Tagebücher, 14.10.1826
116. Hans Becher, Langsdorff, S. 56
117. Georg H. v. Langsdorff, Tagebücher, 11.12.1827
118. Zitiert nach Hans Becher, Langsdorff, S. 56f. Veralterte Orthographie und Syntax von Langsdorff
119. Georg H. v. Langsdorff, Tagebücher, 26.3.1828
120. Georg H. v. Langsdorff, Tagebücher, 25.3.1828
121. Georg H. v. Langsdorff, Tagebücher, 2.3.1828
122. Georg H. v. Langsdorff, Tagebücher, 10.3.1828
123. Georg H. v. Langsdorff, Tagebücher, 10.3.1828
124. Georg H. v. Langsdorff, Tagebücher, 25.3.1828
125. Georg H. v. Langsdorff, Tagebücher, 29.3.1828
126. Georg H. v. Langsdorff, Tagebücher, 5.7.1826
127. Georg H. v. Langsdorff, Tagebücher, 22.8.1826
128. Georg H. v. Langsdorff, Tagebücher, 24.8.1826
129. Hans Becher, Langsdorff, S. 56
130. Georg H. v. Langsdorff, Tagebücher, 11.11.1826
131. Georg H. v. Langsdorff, Tagebücher, 15.10.1826
132. Georg H. v. Langsdorff, Tagebücher, 16.8.1826
133. Georg H. v. Langsdorff, Tagebücher, 8.3.1828
134. Georg H. v. Langsdorff, Tagebücher, 19.3.1828
135. Georg H. v. Langsdorff, Tagebücher, 19. – 23.3.1828
136. Georg H. v. Langsdorff, Tagebücher, 25.3.1828
137. Georg H. v. Langsdorff, Tagebücher, 7.4.1828
138. Zitiert nach D.E. Berthels, B.N. Komissarov, Materialien, S. 33
139. Georg H. v. Langsdorff, Tagebücher, 9.4.1828
140. Georg H. v. Langsdorff, Tagebücher, 10.4.1828

141. Georg H. v. Langsdorff, Tagebücher, 18.4.1828
142, Georg H. v. Langsdorff, Tagebücher, 20.4.1828
143. Georg H. v. Langsdorff, Tagebücher, 21.4.1828
144. Georg H. v. Langsdorff, Tagebücher, 24.4.1828
145. Georg H. v. Langsdorff, Tagebücher, 13./14.5.1828
146. Zitiert nach Hans Becher, Langsdorff, S. 60
147. Zitiert nach D.E. Berthels, B.N. Komissarov, Materialien, S. 34
148. Zitiert nach Hans Becher, Langsdorff, S. 61
149. Zitiert nach Hans Becher, Langsdorff, S. 63
150. Karl von Steinen, Indianertypen
151. D.E. Berthels, B.N. Komissarov, Materialien, S. 167f.

Expeditionsziele

1. Georg H. v. Langsdorff, Tagebücher, 20.11.1825
2. So auch Maria de Fátima Costa, Bastidores, S. 20
3. Georg H. v. Langsdorff, Tagebücher, 4.10.1824
4. Georg H. v. Langsdorff, Tagebücher, 5.10.1824
5. Georg H. v. Langsdorff, Tagebücher, 14.10.1824
6. Georg H. v. Langsdorff, Tagebücher, 7.10.1824
7. Hans Becher, Langsdorff, S. 46f.
8. Georg H. v. Langsdorff, Tagebücher, 27.1.1825
9. D.E. Berthels, B.N. Komissarov, Materialien, S. 167
10. Zitiert nach Hans Becher, Langsdorff, S. 76

Langsdorff – ein Charakter des 19. Jahrhunderts

1. Hans Becher, Langsdorff, S. 19
2. Hans Becher, Langsdorff, S. 84
3. Maria de Fátima Costa, Bastidores, S. 19
4. Zitiert nach Hans Becher, Langsdorff, S. 19
5. Hans Becher, Langsdorff, 59
6. William Luret, Florence, S. 153
7. Hans Becher, Langsdorff, S. 59
8. Georg H. v. Langsdorff, Tagebücher, 7.7.1824
9. Georg H. v. Langsdorff, Tagebücher, 1.8.1824

10. Georg H. v. Langsdorff, Tagebücher, 10.7.1824
11. Georg H. v. Langsdorff, Tagebücher, 26.12.1824
12. Georg H. v. Langsdorff, Tagebücher, 25.1.1825
13. Georg H. v. Langsdorff, Tagebücher, 25.10.1824
14. Georg H. v. Langsdorff, Tagebücher, 30.10.1824
15. Georg H. v. Langsdorff, Tagebücher, 26.5. 1824
16. Georg H. v. Langsdorff, Tagebücher, 25.10.1825
17. Georg H. v. Langsdorff, Tagebücher, 28.4.1826
18. Georg H. v. Langsdorff, Tagebücher, 19.4.1826
19. Georg H. v. Langsdorff, Tagebücher, 25.10.1825
20. Georg H. v. Langsdorff, Tagebücher, 5.5.1826
21. Georg H. v. Langsdorff, Tagebücher, 28.12.1826
22. Georg H. v. Langsdorff, Tagebücher, 20.9.1824
23. Georg H. v. Langsdorff, Tagebücher, 20.9.1824
24. Georg H. v. Langsdorff, Tagebücher, 15.11.1825
25. William Luret, Florence, S. 153
26. Georg H. v. Langsdorff, Tagebücher, 6.4.1828
27. Hans Becher, Langsdorff, S. 42f.
28. Michael Frank, Einflussangst, S. 201
29. Michael Frank, Einflussangst, S. 146
30. Nach Nicolas Bancel, Zoos humains, besonders S. 64-71,
    S. 81-88 und S. 275 ff. Die Ausstellung „ L'invention du sauvage
    – exhibitions" des Musée quai Branly in Paris (29.11.2011-3.6.
    2012) bestätigt diese Einschätzung und erwähnt auch eine Präsen-
    tation von brasilianischen Botucudo-Indianern 1917 in London.

1995: Remake der Langsdorffschen Expdition

1. Olaf Nicolai zu Dieter Strauss während der Expedition 1995
2. Die Crew des Remake 1995:
    a) Die Künstler Carlos Vergara, José Fujocka Neto, Olaf Nicolai,
       Anatoli Juravlev, Michael Fahres
    b) Die Kuratoren des historischen Teils Maria de Fátima Costa,
       Pablo Diener, beide Rugendas-Experten

c) Der Kurator des aktuellen Teiles Alfons Hug, damals zuständig für Kunstausstellungen am „Haus der Kulturen der Welt" Berlin, nahm nicht an der Reise 1995 teil

d) Das Filmteam Wolf Gauer (Regie) und T. Shirai (Kamera)

e) Der Projektkoordinator Dieter Strauss mit weiteren Helfern

3. Maria de Fátima, O Brasil, S. 98f.
Meta=Ziel, Satisfacao=Zufriedenheit, Futuro=Zukunft, Alegria=Freude, Liberdade=Freiheit, Tourismo=Turismus, Organisacao=Organisation

4. Zitiert nach Peter Burghardt, Der geplante Planet. Süddeutsche Zeitung, 24./25.4.2010, SV 2f.

5. Vgl. Peter Burghardt, Weggespült. Süddeutsche Zeitung, 8.8.2011, S. 3

6. Vgl. Anmerkung 1.

7. Pablo Diener, Rugendas, S. 100

8. „Funai" (Fundacao Nacional do Indio) ist eine brasilianische Organisation zum Schutz der indigenen Bevölkerung. Sie hat ihren Sitz in Brasilia und untersteht dem Justizministerium

9. Dieter Strauss, Goethe, S. 127

10. Sämtliche Artikel über das Projekt in Curitiba aufgeführt in: Enfoque, Langsdorff, S, 23f.

11. Enfoque, Langsdorff, S. 11

Das Langsdorff-Projekt im Rahmen der Auswärtigen Kulturpolitik

1. Joachim Sartorius, In dieser Armut, S. 181ff. Die Strauss-Rede fand in München am 12.6.1986 anlässlich der Regionalbeauftragtenkonferenz des Goethe-Instituts statt. Ich konnte als damaliger Abteilungsleiter „Forschung und Entwicklung" der Zentrale daran teilnehmen.

2. Vgl. Fußnote 1

3. Enquete-Kommission, Schlussbericht und Stellungnahme 1977 des Bundestages dazu. Auch in: Auswärtiges Amt, Konzeption 2000, S. 9

4. Auswärtiges Amt, Konzeption 2000, S. 8

5. KAS, Wahlprogramme, Slogan von 1957. Für die Geschichte

der deutschen Auswärtigen Kulturpolitik von 1950 bis heute und für die vorgeschlagenen Phasen vgl. Dieter Strauss, Goethe, S. 96f. Weitere Literatur zur Auswärtigen Kulturpolitik:

a) Steffen Kathe, Kulturpolitik um jeden Preis. Die Geschichte des Goethe-Instituts 1951-1990. München 2005

b) Kurt-Jürgen Maas (Hrsg): Kultur und Außenpolitik. Handbuch für Studium und Praxis. Baden Baden 2/2009

c) Eckhart Michels, Von der deutschen Akademie zum Goethe-Institut. Auswärtige Kulturpolitik 1923-1960. München 2005

d) Hansgert Peisert, Die Auswärtige Kulturpolitik in der Bundesrepublik Deutschland. Stuttgart 1978

e) Bernhard Wittek, Und das in Goethes Namen. Das Goethe-Institut 1951-1976. Berlin 2005.

Literatur zur die Kulturpolitik beeinflussenden Politik-, Gesellschafts- und Kulturgeschichte:

a)   Marie-Luise Reckert, Geschichte der Bundesrepublik Deutschland. München 3/2009

b)   Hans-Ulrich Wehler, Deutsche Gesellschaftsgeschichte 1949-1990. Bd. 5 München 2008

c)   Axel Schildt ua., Deutsche Kulturgeschichte – die Bundesrepublik von 1945 bis zur Gegenwart. München 2009

6. Axel Schildt, Deutsche Kulturgeschichte, S. 103

7. Hermann Glaser, Kulturgeschichte, S. 235

8. Bayernkurier vom 16.3.1981

9. Vgl. Anm. 8

10. Ich habe damals als Abteilungsleiter „Forschung und Entwicklung" teilgenommen. Es gab tatsächlich keinerlei Reaktion, nur betretenes Schweigen

11. Joachim Garbe, Deutsche Geschichte, S. 127

12. KAS, Wahlprogramme, Slogan von 1998

13. Joachim Sartorius, In dieser Armut , S. 57ff.

14. „Zeit"-Punkteheft 9/1995

15. Hermann Glaser, Kulturgeschichte, S. 293

16. Auswärtiges Amt, Konzeption 2011, S. 2ff.
    Damit wird die Konzeption 2000 ergänzt